AIプログラミング入門
Rubyで数独

佐藤理史 著

近代科学社

◆ 読者の皆さまへ ◆

　平素より，小社の出版物をご愛読くださいまして，まことに有り難うございます．

　㈱近代科学社は1959年の創立以来，微力ながら出版の立場から科学・工学の発展に寄与すべく尽力してきております．それも，ひとえに皆さまの温かいご支援があってのものと存じ，ここに衷心より御礼申し上げます．

　なお，小社では，全出版物に対してHCD（人間中心設計）のコンセプトに基づき，そのユーザビリティを追求しております．本書を通じまして何かお気づきの事柄がございましたら，ぜひ以下の「お問合せ先」までご一報くださいますよう，お願いいたします．

　お問合せ先：reader@kindaikagaku.co.jp

　なお，本書の制作には，以下が各プロセスに関与いたしました：

・企画：小山　透
・編集：高山哲司
・組版：加藤文明社（LaTeX）
・印刷：加藤文明社
・製本：加藤文明社（PUR）
・資材管理：加藤文明社
・カバー・表紙デザイン：加藤文明社
・広報宣伝・営業：山口幸治，冨髙琢磨，西村知也

本書に記載されている会社名・製品名等は，一般に各社の登録商標または商標です．本文中の©，®，™等の表示は省略しています．

・本書の複製権・翻訳権・譲渡権は株式会社近代科学社が保有します．
・ JCOPY 〈(社)出版者著作権管理機構　委託出版物〉
本書の無断複写は著作権法上での例外を除き禁じられています．
複写される場合は，そのつど事前に(社)出版者著作権管理機構
（電話 03-3513-6969，FAX 03-3513-6979，e-mail: info@jcopy.or.jp）の
許諾を得てください．

はじめに

　この本の題名は『Ruby で数独 ── AI プログラミング入門』．キャッチフレーズは，「めざせ AI プログラマー．『激辛数独』をけちらせ」である．

　我々の研究室は，2013 年から人工知能 (Artificial Intelligence, AI) の二つのグランドチャレンジに参画している．一つは，大学入試問題の自動解答の実現をめざす「ロボットは東大に入れるか」．もう一つは，コンピュータによるショートショートの自動創作をめざす「きまぐれ人工知能プロジェクト 作家ですのよ」．多くの学生が興味を持ってくれるのはうれしいのだが，そこで問題となるのが，AI システムを作るためのプログラミング，AI プログラミングである．

　プログラミングを学びはじめる場合，まずは，プログラミング言語を一つ定め，その言語の入門書を読むところからスタートするのが普通である．入門書の多くは，「やさしさ」が売りであり，基本的な内容しか書かれていないので，ひととおり読めば，なんとなくプログラムが書けるような気になる．しかしながら，そのレベルと AI システム作成に必要なレベルの間には，ものすごく大きなギャップがある．

　そのギャップの中身は，大きく 3 種類に分けられる．一つは，プログラミング言語に関する深い知識である．もう一つは，AI システムの実現で重要となるプログラミングの技法とその運用に関する知識である．最後の一つは，AI システムというかなり特異なシステムを作るための方法論である．

　あるプログラミング言語を本当にマスターするためには，最終的に，その言語のマニュアルを最初から最後まで読むことが必要である．これは，避けて通れない．しかし，入門書を読み終わったばかりの学生に，それを求めるのは酷である．そのため，入門の初級段階から次の中級へのステップアップが必要になるわけだが，見渡す限り，それに答える書籍がほとんどない．

　一方，AI システムのためのプログラミング技法は，「データ構造とアルゴリズム」と呼ばれる分野の知識で，リスト処理や探索，分割統治，ダイナミックプログラミングなど多岐に渡る．それらの知識は，教科書から得られるが，それらを実際の問題にどのように適用するかについては，経験がものをいう．

　最後の AI システム構築の方法論は，それなりの規模の AI システムを作らないとわからないし，身につかない．AI システムの作成においては，対象とする問題を分析し，コンピュータで実行できる形式に落とし込み（これを，定

式化という），試行錯誤を繰り返しながら，システムの能力を少しずつ高めていくことが必要になるのだが，その過程は，ほとんど語られない．

というわけで，学生諸君は，そのギャップに苦しむことになるのである．それはそれで，教育的効果抜群なのであるが，挫折してしまっては元も子もない．ということで，AIプログラミングを対象とした本書を書こうと思い立ったのである．

この本では，AIプログラミングの題材として「数独」[*]を選ぶことにした．数独の知名度は，いまや抜群で，知らない人はほとんどいないと言ってもかまわないだろう．もちろん，通常のプログラミングの例題としても，いろいろなところで取り上げられているが，それらのほとんどは力任せのしらみつぶし法（この本でも，第1章で取り上げる）である．人間が解くような，一か所一か所，確実に決まるところを決めていく方法のプログラムはあまり知られていない．というのも，そのようなプログラムを作ることは，そこそこ難しいからだ．数独を論理的に解くシステムは，AIシステムと呼べるかどうか，すれすれの初歩的なシステムとなるが，AIプログラミングの入門，かつ，Rubyの中級プログラミングの題材として，ちょうどいい難易度だろう．

この本の第2章からは，もっぱら数独を論理的に解く方法を取り上げる．もちろん，そのためには，数独というパズルに対する理解と考察が必要となる．実は，AIシステムの実現において最も重要なのは，対象問題に対する理解と考察，そして，その結果としての問題の定式化である．そしてそれは，プログラミングの大部分を占めるのである．

「解き方を考えながらプログラムを作り，プログラムを作りながら解き方を考える」．これがAIプログラミングの基本的なスタンスである．そして，その過程をとおして，「対象問題に対する理解を深める」．人工知能研究が対象とする問題は，これまでコンピュータで解けなかった非常に難しい問題である．そのような問題にアタックする前に，それなりの知恵で解けそうな数独を例題に，AIプログラミングの基本的なスタンスを身につけることを目標とする．

■**本書の構成**　本書は，次の5章で構成されている．

第1章では，ウォーミングアップということで，数独をしらみつぶし法で

---

[*]「数独」（すうどく）とは，全体が3×3の正方形ブロックに区切られ，各ブロックがさらに3×3のマスに分けられた9×9のマス内に1〜9の数字を一つずつ入れてゆくパズルである．数独は，株式会社ニコリの登録商標である．

解くプログラムを作る．この過程をとおして，リスト処理の基本を確認する．

第 2 章では，数独の基本的な解き方をプログラムとして実装し，どれくらいの難易度の問題まで解けるかを確かめる．

第 3 章では，数独の高度な解き方をプログラムとして実装し，数独の問題集（具体的には，ニコリの『数独通信 Vol.26』）の完全制覇を達成する．

第 4 章では，作成したプログラムで難易度の高い数独の問題集（具体的には，ニコリの『激辛数独』）の問題が解けるかどうかを確かめる．

最後の第 5 章は，さらなる独習のための短いガイドである．

■本書を読むために必要な前提知識

- プログラミング言語 Ruby について，初級の知識

  具体的には，Ruby の入門書をひととおり読んで，小さなプログラムをいくつか書いて動かしたことがあること．

- 集合に関する初歩的な知識

  具体的には，集合に対する基本演算である，積集合 (∩)，和集合 (∪)，補集合，などがわかること．

■本書の他に準備しておきたいもの

- 数独の問題集

  本書では，ニコリの数独を主な対象とするので，ニコリの問題集が望ましい．ちなみに，私は，この本を書くために，ニコリの『数独通信 Vol.26』と『激辛数独 Vol.15』を購入した．

- Ruby が動く環境

  本書のプログラムは，MacOS 10.10.5 上の Ruby 2.0.0p481 で動作を確認している．

■純粋な数独ファンへ

この本に書かれている数独の解法は，ニコリの数独であれば，ほとんど解くことができると思われる（断定はしない）．しかしながら，その解法のエッセンスは，『数独通信』の冒頭の「数独のルールと解き方」に示されている考え方 1–6 で網羅されており，本質的に異なる解法はない．必要なのは，若干の拡張である．どのような拡張が必要であるかを知りたければ，この本は役に立つであろう．

目　次

はじめに iii

第 1 章　しらみつぶし法で解く　　　　　　　　　　1

1.1　数独の制約条件 1
1.2　用語の整理 2
1.3　グリッドの実装 3
1.4　しらみつぶし法の実装 7
1.5　制約条件のチェック 10
1.6　最初の手直し 12
1.7　再び手直し 16
1.8　最後の手直し 17
1.9　リスト処理のまとめ 19

第 2 章　基本ルールで解く　　　　　　　　　　　　23

2.1　解き方の基本 23
2.2　ルールの定式化 25
2.3　オブジェクト設計 29
2.4　セルとブロックの状態を調べる 32
2.5　四つ目の神器 33
2.6　ソルバーの基本構造 35
2.7　ルールの条件部の実装 36
2.8　ルールの実行部の実装 37
2.9　ソルバー本体の実装 39
2.10　どんな問題が解けるか 42

2.11 クラス設計とオブジェクト指向 42
  2.12 ルール R1 と R2 の関係 44
  2.13 この章のプログラムのまとめ 45

第3章 上級ルールを実装する　　55

  3.1 三つの上級ルール 55
  3.2 問題 60: いずれにしても理論 57
  3.3 R3 と R0 の関係 61
  3.4 問題 64: 予約 62
  3.5 問題 87: 予約の続き 65
  3.6 R4, R5 と R0 の関係 70
  3.7 問題 91: 予約の続きの続き 72
  3.8 問題 94: 井桁理論 75
  3.9 理解と汎化 78
  3.10 プログラムリスト 79

第4章 激辛数独を解く　　95

  4.1 激辛数独に挑戦 95
  4.2 井桁理論と R0, R3 99
  4.3 ルールと難易度 101
  4.4 パーフェクトなソルバー 103
  4.5 ふたたび，激辛数独に挑戦 104
  4.6 激辛数独は難しかったか 106

第5章 独習のための短いガイド　　111

あとがき　　115

索　引　　117

第1章

しらみつぶし法で解く

　ウォーミングアップとして，この章では，数独をしらみつぶし法で解くプログラムを考える．「しらみつぶし法」とは，あらゆる可能性をすべて試す方法のことである．

　この章では，次のことを学ぶ．

- 数独の制約条件と使用する用語（これらの確認）．
- リスト処理の基本，特に，リスト処理の三種の神器．
- 深さ優先探索のプログラムの基本構造．
- プログラムを何度も手直しすることの必要性．

1.1　数独の制約条件

　まず最初に，数独のルールを確認することから始めよう．ここでは，数独の本家「ニコリ」の説明を引用する（出典：『数独通信 Vol.26』, p.4）．

■ルール

1. まだ数字が入っていないマスに1から9までの数字のどれかを1つずつ入れましょう．0（ゼロ）は使いません．
2. タテ列（9列あります），ヨコ列（9列あります），太線で囲まれた3×3のブロック（9つあります）のどこにも，1から9までの数字が1つずつ入るようにします．

　同じページに英語の説明もある．プログラムでは，英単語も使うことにな

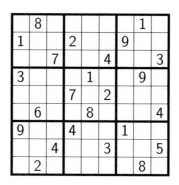

図 1.1 数独の問題（出典：『数独通信 Vol.26』, p.4）

るので，こちらも見ておこう．

■ **Rules of Sudoku**

1. Place a number from 1 to 9 in each empty cell.
2. Each row, column and 3×3 block bounded by bold line (nine blocks) contains all the number from 1 to 9.

このように，ルールがとても単純なところが，数独の真髄である．数独の一例を図 1.1 に示す．

なお，ニコリが言うところのルールとは，解が満たすべき条件のことをさす．本書では，これを（ルールとは呼ばず）**制約条件**と呼ぶ．

1.2 用語の整理

次に，使う用語を整理しよう．

1. 数独の 9×9 の盤面の全体を，**グリッド** (grid) と呼ぶ．
2. 数字を一つ入れるマスのことを，**セル** (cell) と呼ぶ．
3. ヨコ列のことを，**行** (row) と呼ぶ．
4. タテ列のことを，**列** (column) と呼ぶ．
5. 3×3 のブロックのことを，**正方形** (square) と呼ぶ．
6. 行，列，正方形を総称して，**ブロック** (block) と呼ぶ．
    (a) 一つのブロックは，九つのセルから構成される．

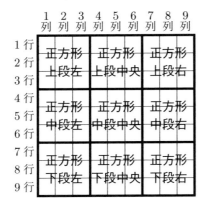

図 1.2　ブロックの名称

(b) 一つのセルは，三つの異なるブロック（行，列，正方形）に属している．

セル，行，列という用語は，英語の説明に従った．3 × 3 のブロックのことを **正方形** と呼ぶことにしたのは，行，列，正方形の総称に **ブロック** という用語を使いたいからである．以降，本書では，一貫してこれらの用語を使用する．

なお，行，列，正方形に対して，本文中では，図 1.2 に示すような名前で呼ぶことがある．ただし，すぐ後で述べるように，プログラムの内部では，1 から 9 ではなく，0 から 8 を用いる．

1.3　グリッドの実装

さて，ここからプログラミングをスタートしよう．まず，図 1.1 に示すような，ある特定の数独の問題を，コンピュータ上でどのように記述するかを定める．これには，いろいろな選択肢があるが，私は，次のような記述法を選択した．この記述は，図 1.1 の問題に対応している．

```
.8.....1. 1..2..9.. .7..4..3 3...1..9. ...7.2... .6..8...4 9..4..1.. ..4..3..5 .2.....8.
```

ここに示したように，数独の問題を一行のデータで表現する．一行のデータを，スペースで区切られる九つの部分から構成し，それぞれの部分を九つの文字から構成する．たとえば，最初の .8.....1. は，数独の 1 行目に対応

し，1行2列に8，1行8列に1が入っていることを表す．空のセルの場合はピリオド'.'で表す．

どうして九行ではなく，一行にするかというと，そのほうが，入力を読み込む部分のプログラムが簡単になるからである．作成するプログラムは，「入力を一行読んで実行し，それに対する出力を一行書き出す」という形にするのが基本．可能な限り，この基本に従ったほうがいい．そうすることにより，シェルコマンドとの連携が容易になる．

数独の問題を，いちいち入力するのは面倒なので，あらかじめファイルに書いておき，標準入力から読み込むことにする．つまり，作成するプログラムのトップレベルを，次のようにする．ここでは，迷わず，ARGFを使おう！

```ruby
ARGF.each do |line|
  line.chomp!
  print_grid(solve(make_grid(line.gsub(/\s/, ''))))
end
```

ここで，solveが，これから作る数独ソルバーの本体．この関数（Rubyではメソッドと呼ぶべきだが，本書では，関数とメソッドをあまり区別せず用いる）には，グリッドの内部表現を渡すことにする．

グリッドの内部表現を作り出す関数としてmake_gridを作る．この関数の引数には，先ほど決めた数独の問題記述を文字列として渡すわけだが，その前に，その文字列に含まれる空白をすべて削除する．つまり，make_gridに渡される文字列の長さは81で，それぞれの文字が各セルの情報を表していることになる（見やすさのための空白は，処理においては，じゃまなだけである）．

まずは，関数make_gridを，次のように書いてみた．

```ruby
def make_grid (string)
  grid = 9.times.collect{ Array.new(9, nil) }
  0.upto(8) do |i|
    0.upto(8) do |j|
      grid[i][j] = (string[i*9+j] == "." ? nil : string[i*9+j].to_i)
    end
  end
  grid
```

```
    end
```

　このプログラムに示すように，グリッドは，リストのリストとして表現する．`grid[i][j]` が，一つのセルに対応する．i と j は，それぞれ 0 から 8 である．もちろん，1 から 9 にしてもよいが，Ruby の添字は 0 から始まるので，内部では 0 から 8 のほうが都合がいい．`grid[i][j]` の値は，すでに数字が決まっている場合はその数字（1 から 9 のいずれか）を，まだ数字が決まってない場合は `nil` とする．数字が決まっていない場合を 0 とする手もあるが，値なしを表す `nil` のほうが自然だろう．

　`grid` に使用するオブジェクトの正式名称は配列 (Array) だが，Ruby の配列は，他の言語（たとえば，C 言語）の配列とは異なり，次のような特徴を持っている．

- あらかじめ長さ（大きさ）を決めておく必要はない．必要に応じて，伸び縮みする．任意の位置に新たな要素を挿入したり，任意の要素を削除したりすることができる．
- 1 次元配列しかない．

　このような特徴を持つデータ構造は，**リスト構造**（略して，**リスト**）と呼ぶのが一般的である．その通例に従い，この本では，Ruby の配列を指す用語として，「配列」ではなく「リスト」を用いる．

　リストのリストとは，要素がリストとなっているリストのこと．これは，2 次元配列の代用だが，一旦作ってしまえば，`grid[i][j]` という形で参照できるので，違和感なく使える．ただし，一つだけ注意が必要である．`grid[i]` が `nil` の場合は，`grid[i][j]` はエラーとなるので，その前に，必ず `grid[i]` がリストを返すように設定しておく必要がある．

　上記のプログラムでは，最初に `grid` 全体を初期化したが，必要になったところで初期化する方法もある．

```
def make_grid (string)
  grid = []
  0.upto(8) do |i|
    grid[i] = []
    0.upto(8) do |j|
```

```
      grid[i][j] = (string[i*9+j] == "." ? nil : string[i*9+j].to_i)
    end
  end
  grid
end
```

リストは，必要に応じて伸縮するので，これでもまったく問題はない．
しかし，もう少しコンパクトにプログラムを書く方法がありそうである．

```
def make_grid (string)
  0.upto(8).collect{|i|
    0.upto(8).collect{|j|
      (string[i*9+j] == "." ? nil : string[i*9+j].to_i)}}
end
```

ということは，もう一歩進めて，こう書けるということだ．

```
def make_grid (string)
  (0..8).collect{|i|
    string[i*9, 9].split(//).collect{|c| c == "." ? nil : c.to_i}}
end
```

最初のプログラムと比べて，ずいぶん短くなった．同時に，不必要なリストの初期化も駆逐できた．
　(0..8) は，0.upto(8) や 9.times と書いても，まったく同じ．どれを選ぶかは，趣味の問題である．ここでは，タイプ量が少ない（6 文字で書ける）(0..8) を選んだ．
　最後に，グリッドを表示するプログラムを作っておこう．

```
def print_grid (grid)
  print grid.collect{|line|
    line.collect{|v| ( v || '.' ) }.join('')}.join("\n"), "\n"
end
```

このプログラムはグリッドを九行で出力する．入力と同じように一行で出力したい場合は，join("\n") を join(" ") に変えればいい．ということは，ここを変数化しておくのがよさそうだ．

```
def print_grid (grid, pad=" ")
  print grid.collect{|line|
    line.collect{|v| ( v || '.' ) }.join('')}.join(pad), "\n"
end
```

先ほど学んだ入力一行出力一行の原則に従って，デフォルトは一行出力とする．九行で出力したい場合は，関数 `print_grid` を呼び出す際に，第 2 引数に `"\n"` を渡せばよい．

1.4 しらみつぶし法の実装

グリッドの実装が完了したので，しらみつぶし法について考えていこう．

数独のグリッドは，81 個のセルから構成され，そのいくつかには，最初から数字が入っている．数字が入っていないセル（**空のセル**）には，1 から 9 のいずれかの数字が入る．ということは，空のセルに数字を一つずつ入れてみて，うまくいく（つまり，制約条件に違反していない）かどうか調べればいいわけだ．以上のことから，プログラムのラフスケッチは，次のようになる．

空のセルを一つ選ぶ
　　そのセルに数字を一つ入れる
　　　　制約条件に違反していないかどうか調べる
　　　　　　違反していない ⟶ 次のセルに進む
　　　　　　違反している　 ⟶ 別の数字を試す

このラフスケッチから，次のようなプログラムをイメージするかもしれない．

```
def solve (grid)
  0.upto(8) do |i|
    0.upto(8) do |j|
      if grid[i][j] # すでに数字が入っているセルならば
        next # 次のセルに進む (その 1)
      else
        1.upto(9) do |v|
          grid[i][j] = v
```

```
            if 制約条件に違反していない
               次のセルに進む(その2)
            else
               next # 別の数字を試す
            end
          end
        end
      end
    end
  end
end
```

しかしながら，このような構造のプログラムでは，うまくいかない．その理由は，「次のセルに進む（その2）」の部分に問題があるからだ．上記のプログラムでは，対象とするセルを外側の二つのループ（0.upto(8) do |i|と 0.upto(8) do |j|）で選んでいる．そのため，次のセルに進むためには，一番中側のループ（1.upto(9) do |v|）を抜ける必要があるが，そうすると，vの他の値を試せなくなってしまう．

それゆえ，次のような再帰呼び出しのプログラムを作る必要がある（これは，まだスケッチ）．

```
def solve (grid, i, j)
  if grid[i][j] # すでに数字が入っているセルならば
    solve(grid, i, j+1) # 次のセルに進む(その1)
  else
    1.upto(9) do |v|
      grid[i][j] = v
      if 制約条件に違反していないならば
        if solve(grid, i, j+1) # 次のセルに進み,すべてのセルが埋まったら
          return true
        end
      end
    end
    grid[i][j] = nil # すべて失敗したので,未確定に戻す
    false
  end
end
```

関数 solve は，1回の呼び出しで，ある一つのセルに数字を入れることを

1.4 しらみつぶし法の実装

担当する．もし，入れた数字が制約条件に違反していなければ，自分自身を呼び出して，次のセルに進む．そして，すべてのセルに埋まった場合のみ，true を返して関数を抜ける．一方，入れた数字が制約条件に違反した場合，あるいは，再帰呼び出しが失敗した（false を返した）場合，次の数字を試す．そして，新たに試す数字がなくなったところで，false を返して関数を抜ける．

細部を追加したプログラムは，次のようになる．

```ruby
def solve (grid)
  solve_sub(grid, 0)
  grid
end

def solve_sub (grid, p)
  if p > 80
    return true
  else
    i = p / 9
    j = p % 9
    if grid[i][j]       # すでに数字が入っているセルならば
      solve_sub(grid, p+1) # 次のセルに進む
    else                # 空のセルならば
      1.upto(9) do |v|
        grid[i][j] = v
        if no_violation?(grid, i, j) # 違反していなければ
          if solve_sub(grid, p+1)    # 次のセルに進み，全部埋まれば
            return true
          end
        end
      end
      grid[i][j] = nil # すべて失敗したので，未確定に戻す
      return false
    end
  end
end
```

再帰呼び出しは，どこかで止めなければならないので，p という変数を追加した．もちろん，行番号と列番号を使ってもいいのだが，0 から 80 までを使ったほうがシンプルになる．これは，セル番号に相当する．

専門的には，このプログラムは，深さ優先探索 (depth-first search) を行うプログラムである．深さ優先探索を行う再帰呼び出しプログラムは，いつも，次のような構造となる．

```
def depth_first_search (state)
  if state が終了条件を満たす
    return true
  else
    可能性リスト.each do |x|
      new_state = "x を選んだことで作られる新しい状態"
      if depth_first_search(new_state)
        return true
      end
    end
    return false
  end
end
```

深さ優先探索の実装は，この再帰構造を頭にたたき込んでおけば迷うことはない．なお，ここで状態 (state) と呼んでいるものは，問題を解く過程の進行状況のことである．数独では，グリッドの状況，すなわち，どこにどのような数字が書き込まれているかが，状態である．

1.5 制約条件のチェック

最後に残った部分は，制約条件に違反していないかどうかのチェックである．いま，i 行 j 列のセルに新たに数字を入れたとしよう．このとき，グリッド全体で制約条件をチェックする必要があるだろうか．

もちろん，そんなことはない．チェックしなければならないのは，そのセルが所属する三つのブロックだけである．これらのブロックのうち，行と列は簡単で，それぞれ i 行と j 列となる．正方形はいささか計算が必要だが，その正方形の左上のセルの行と列が，それぞれ 3*(i/3) 行，3*(j/3) 列であることがわかれば，あとは簡単だ．ちなみに，整数の割算は，小数以下は切り捨てになる．つまり，3*(i/3) は，i が 3 の倍数の場合を除き，i にはならない [1]．

---

[1] i=0,1,2 の場合
　　　　3*(i/3)=0．
i=3,4,5 の場合
　　　　3*(i/3)=1．
i=6,7,8 の場合
　　　　3*(i/3)=2．

プログラムは次のようになる．

```
def no_violation? (grid, i, j)
  ( block_is_ok?(grid[i]) &&
    block_is_ok?((0..8).collect{|k| grid[k][j]}) &&
    block_is_ok?((0..8).collect{|k| grid[3*(i/3)+(k/3)][3*(j/3)+(k%3)]}) )
end

def block_is_ok? (block)
  unique?(block.select{|v| v})
end

def unique? (list)
  ( list.length == list.uniq.length )
end
```

関数 unique? は，引数のリストの中に，重複する要素がないかどうかを調べる．もっと効率が良い実装法もあるが，さしあたり，これで十分だろう．

リスト処理では，対象となるリストがどれくらいの長さであるか，いつでも意識しておく必要がある．数十なのか，数百なのか，数千，数万なのか．リストが短ければ，さしあたり，効率を気にする必要はない．リストが長い（千を超える）場合は，はじめから効率に気を配る必要がある．上記の unique? の場合は，リストの長さは9なので，効率は気にしないことにした．

ちなみに，このプログラムは，引数のリスト list を3回「なめる」．「なめる」とは，リストの最初から最後までを順に見ることを意味する．リストを1回なめるのに必要な計算量（計算時間だと考えればよい）は，リストの長さ（要素の数）に比例する．それゆえ，長いリストの場合は，何回なめるかが問題となる．次のプログラムであれば，リストを1回しかなめない．

```
def unique? (list)
  table = Hash.new
  list.each do |x|
    if table[x]
      return false
    else
      table[x] = true
```

```
            end
         end
         true
end
```

もちろん，このプログラムでもいいわけだが，効率を気にする必要がないのであれば，短い（タイプ量が少ない）プログラムのほうが私はいいと思う．そちらのほうが，プログラムの開発効率が良い（つまり，早くプログラムを動かしてみることができる）からだ．

1.6 最初の手直し

これでプログラムは，いちおう完成．動かしてみよう．

```
% ./solve0 nikori.in
485937612 136258947 297164853 342516798 859742361 761389524 978425136 614893275 523671489
%
```

めでたく動いた．パチパチパチ．

さて，ここからが本番だ．腕の良いプログラマーは，プログラムが動くだけでは満足せず，より良いプログラムを作ることをめざす．すなわち，動いた後の手直しに時間をかける．

現在のプログラムのまずいところは，明らかに入らない数字も試しているところだ．数独には，「一つのブロックには，1から9までの数字が一つずつ入る」という制約条件があるので，次のことが成立する．

空のセルに入れることができる数字は，そのセルが属している三つのブロックにまだ入っていない数字だけである．

それゆえ，特定のセルに数字を入れることを試す際に，やみくもに1から9の数字を試すのではなく，まず，そのセルに入れることができる数字を求め，それらのみを試すべきである．

この改造を行う前に，グリッドの内部表現を変更する．具体的には，リストのリストから，長さが81のリストに変更する．そうする理由はいろいろあるが，要は，セル（の場所）を表すのに，行番号と列番号の二つの値を使

う必要はなく，0から80までのセル番号一つで十分だからである．ここでは i 行 j 列のセルの番号を，9*i+j とする．「せっかく作った動くプログラムを直すなんて」と思うかもしれないが，その手間を惜しんでは，プログラミングは決して上達しない．

```ruby
def make_grid (string)
  string.split(//).collect{|c| c == "." ? nil : c.to_i}
end

def print_grid (grid, pad="\n")
  print (0..8).collect{|i|
    grid[9*i, 9].collect{|v| ( v || '.' ) }.join('')}.join(pad), "\n"
end

def solve (grid)
  solve_sub(grid, 0)
  grid
end

def solve_sub (grid, p)
  if p > 80
    return true
  else
    if grid[p]
      solve_sub(grid, p+1)
    else
      1.upto(9) do |v|
        grid[p] = v
        if no_violation?(grid, p) && solve_sub(grid, p+1)
          return true
        end
      end
      grid[p] = nil
      return false
    end
  end
end

def row (grid, p) # 行
```

```ruby
    grid[9*(p/9), 9]
end

def column (grid, p)  # 列
  (0..8).collect{|k| grid[9*k+p%9]}
end

def square (grid, p)  # 3x3 の正方形
  (0..8).collect{|k| grid[9*(3*(p/9/3)+(k/3))+3*(p%9/3)+(k%3)]}
end

def no_violation? (grid, p)
  ( block_is_ok?(row(grid, p)) && block_is_ok?(column(grid, p)) &&
    block_is_ok?(square(grid, p)) )
end

def block_is_ok? (block)
  unique?(block.compact)
end

def unique? (list)
  ( list.length == list.uniq.length )
end
```

ついでに，あるセル p が属するブロック（に属する九つのセル）を求める関数を導入し，no_violation? をすっきりさせた．さらに，select{|v| v} を，ほぼ同じ働きをする compact に直した．

さて，セル p に置くことができる数字の候補を求めるには，ここで変更した no_violation? が参考になる．具体的には，次のようなプログラムを書けばいい．

```ruby
def possible_numbers (grid, p)
  (1..9).to_a - fixed_numbers(grid, p)
end

def fixed_numbers (grid, p)
  ( row(grid, p).compact + column(grid, p).compact +
    square(grid, p).compact ).uniq
```

```
    end
```

　Rubyでは，二つのリストの差を求める関数として，'-' が用意されている．リストの差とは，前者のリストから，後者のリストに含まれる要素を取り除いたものだ．これが，Rubyでは一発で書けるのは爽快だ．入れることができない数字は，セルpが属する三つのブロックに含まれる（すでに入れられている）数字だから，それぞれのブロックに含まれる数字をリストとして集め，それらを結合して，最後に重複を取り除けばいい．これは，和集合でも書けるので，次のように書くこともできる．

```
def fixed_numbers (grid, p)
  ( row(grid, p).compact | column(grid, p).compact | square(grid, p).compact )
end
```

このような準備をしてから，solve_sub を変更する．

```
def solve_sub (grid, p)
  if p > 80
    return true
  elsif grid[p]
    solve_sub(grid, p+1)
  else
    possible_numbers(grid, p).each do |v|
      grid[p] = v
      if solve_sub(grid, p+1)
        return true
      end
    end
    grid[p] = nil
    return false
  end
end
```

　これで，明らかに入らない数字を試すことがなくなった．変数i,jも駆逐され，全体的にすっきりした．

1.7 再び手直し

さあ，これで満足かと言えば，そんなことはない．

前節の手直しでは，あるセルに置くことができる数字の候補を求めてから，実際に数字を埋めるように変更した．その候補の数は，あるセルでは一つだったり，別のセルでは九つだったりする．

冷静に考えると，セルを0番から80番まで順番に埋めていく必要はない．それならば，「置ける数字の候補が少ないセル」から埋めていくほうが効率が良いはずである．

まず，空のセル（のリスト）を求める．空のセルがなければ，すべてのセルが埋まったことになる．次に，空のセルのそれぞれに対して，入れることができる数字の候補を求める．そして，その候補数が最も少ないセルを選び，そのセルに数字を入れることを試す．プログラムは，次のようになる．

```ruby
def empty_cells (grid)
  (0..80).select{|i| !grid[i]}
end

def solve (grid)
  solve_sub(grid)
  grid
end

def solve_sub (grid)
  es = empty_cells(grid)
  if es.empty?
    true
  else
    pl = es.collect{|p|
      [p, possible_numbers(grid, p)]}.sort_by{|x| x[1].length}
    if pl.empty?
      false
    else
      p, numbers = pl[0]
      numbers.each do |v|
```

```
          grid[p] = v
          if solve_sub(grid)
            return true
          end
        end
        grid[p] = nil
        return false
      end
    end
end
```

表 1.1　実行時間の比較（秒）

プログラム	図 1.1 の数独	数独通信 Vol.26, No.94
1.5 節のプログラム	0.49	0.56
1.6 節のプログラム	0.18	0.20
1.7 節のプログラム	0.10	0.07

　プログラムは少し長くなったが，効率はずいぶん改善されたはずだ．その効果を実際に調べてみよう．二つのプログラムの実行時間を計測した結果を表 1.1 に示す．1.6 節のプログラムから，実行時間が半分程度になったことが確認できる．

　実は，この方向をもっと押し進めるのが，2 章以降で取り組む「論理的に埋まるものから埋めていく」方法である．その方法では，上記のプログラムの numbers の長さは，いつでも 1 になる．つまり，可能な数字が一つに定まったセルを埋めていくことで，グリッド全体を埋めるということだ．その場合は，当然ながら，「試してみること」は不要となる．

1.8　最後の手直し

　最後に，もう少しだけ手を入れて，「しらみつぶし法」のプログラムを完成させよう．

```ruby
#!/usr/bin/ruby
# -*- coding: utf-8 -*-
#
# 数独ソルバー（しらみつぶし法） by Satoshi Sato, 2014
#
def make_grid (string)
  # セル番号は、0 から 80
  # 各セルの値は、確定している場合は整数(1-9)、未確定の場合はnil
  string.split(//).collect{|c| c == "." ? nil : c.to_i}
end

def print_grid (grid, pad=" ")
  print (0..8).collect{|i|
    grid[9*i, 9].collect{|v| ( v || '.' ) }.join('')}.join(pad), "\n"
end

def row (grid, p) # 行
  grid[9*(p/9), 9]
end

def column (grid, p) # 列
  (0..8).collect{|k| grid[9*k+p%9]}
end

def square (grid, p) # 3x3 の正方形
  (0..8).collect{|k| grid[9*(3*(p/9/3)+(k/3))+3*(p%9/3)+(k%3)]}
end

def empty_cells (grid)
  (0..80).select{|p| !grid[p]}
end

def possible_numbers (grid, p)
  (1..9).to_a - fixed_numbers(grid, p)
end

def fixed_numbers (grid, p)
  ( row(grid, p).compact | column(grid, p).compact |
    square(grid, p).compact )
end
```

```
  end

  def solve (grid)
    pl = empty_cells(grid).collect{|p|
      [p, possible_numbers(grid, p)]}.sort_by{|x| x[1].length}
    if pl.empty?
      grid
    else
      p, number = pl[0]
      number.each do |v|
        grid[p] = v
        if solve(grid)
          return grid
        end
      end
      grid[p] = nil
      return false
    end
  end

  ARGF.each do |line|
    line.chomp!
    print_grid(solve(make_grid(line.gsub(/\s/, ''))))
  end
```

コメントや空行を含めて，全部で 63 行．いい感じに仕上がった．ちなみに，make_grid のところにコメントを書くのは，ここがプログラム全体を理解するためのキモだからである．

1.9　リスト処理のまとめ

完成したプログラムにおいて，添字で回すループがないことに気づいただろうか．添字で回すループとは，次のようなループのことだ．

```
0.upto(list.length-1) do |i|
  p list[i]
```

```
end
```

リスト処理では，このようなループではなく，次のように each を使ったループを書く．

```
list.each do |x|
  p x
end
```

次のようなプログラムを書きたい場合は，どうだろうか．

```
0.upto(list.length-1) do |i|
  p [i, list[i]]
end
```

この場合も，each_with_index を使うことで解決する．

```
list.each_with_index do |x, i|
  p [i, x]
end
```

　他のプログラミング言語の配列に慣れている場合，ループを添字で回したくなるかもしれない．しかし，Ruby では，ほとんどの場合，その必要はない．each や each_with_index で十分だ．これらのメソッドを使えば，リストの長さを明示的に求める必要はないのである．

　リスト処理では，select や collect を多用する．これらを，私は map 系の関数と呼ぶ．この呼び方は，プログラミング言語 Lisp に由来する．

　関数 select は，リストから<u>ある条件を満たす**要素**</u>だけを抜き出したリストを作る．得られるリストの長さは，元のリストの長さを超えることはない．

　これに対して，関数 collect は，リストのそれぞれの要素に<u>ある関数を適用した**結果**</u>を集めたリストを作る．得られるリストの長さは，元のリストの長さと一致する．

　これら二つの関数の背後にはループが存在するが（つまり，リストの要素の一つひとつに対して，何らかの処理を行っているのだが），概念的には，あるリストから別のリストを作り出す処理だと考えるのが適切である．このような見方ができれば，select や collect を使いこなせるはずだ．

なお，お勧めしないが，次のような書き方もできる．

```
list.each{|x| p x}

list.select do |x|
  x % 2 == 0
end
```

Rubyでは，中括弧（ブレース）で囲んでも，doとendで囲んでも，効果はまったく同じである．しかし，私は，次のような原則に従うことを強く勧める．

- ループであるeachには，doとendを使う．
- リストの変換処理であるselectとcollectには，中括弧を使う．

もちろん，例外的にこの原則を破ることもあるが，ほとんどの場合，これに従ったほうがよい．

リスト処理の三種の神器は，each，select，collectである．これらをしっかりマスターしよう．

column

■人工知能とは

人工知能とは何か．非常に簡単に言ってしまえば，それは，「これまで人間にしかできなかったことを，コンピュータでもできるようにするための研究分野」である．その目標は，「知能」を実現すること（工学的目標）であり，その過程をとおして，「知能とは何か」を明らかにすること（科学的目標）である．

最近，人工知能という文字が，新聞などによく載る．日本経済新聞の2015年7月30日付け朝刊の「きょうのことば」に，次のような説明が掲載された．

> 人工知能は「Artificial Intellingence (AI)」の和訳で，推論や連想，学習など人間のような知能を持つコンピューター．

うーん．これは，まずい．人工知能は研究分野であって，ある機能を持つコンピュータの名称ではない．この説明だと，なにか特別なコンピュータだと，誤解してしまいそうである．

ちょっと考えてみればすぐにわかるように，「知能」はモノではなく機能だ．「人工頭脳」ならモノだが，「人工知能」がモノであるわけがない．AIプログラマーが作るのは，人工知能システム（AIシステム）であり，人工知能ではない．言葉は，もう少し注意して使いたい．

　　○ 私は人工知能を研究している．
　　○ 私は人工知能システムを作成している．
　　× 私は人工知能を作成している．

第2章

基本ルールで解く

この章からは，数独を論理的に解くプログラムを作る．この章では，二つの解き方を実装する．本書では，解き方のことを，単にルールと呼ぶことにする．

この章では，次のことを行う．

- 数独の基本ルールを確認する．
- 基本ルールを定式化する．
- プログラムで使用するオブジェクトを設計する．
- 基本ルールをプログラムとして実装する．
- 基本ルールでどこまで解けるかを調査する．

これらをとおして，基本ルールに対する理解を深める．

2.1 解き方の基本

ニコリは，数独の解き方のことを「考え方」と呼んでおり，『数独通信 Vol.26』には，4ページから5ページにかけて，六つの考え方が提示されている．この章では，それらのうち，最初の三つを取り上げる．

■**考え方1　ブロッケン**
図 2.1 に例を示す．ここでは，上段左の正方形に着目する．1行目にも3行目にも数字1は入らないので，1が入る場所は，2行3列(ア)に決まる．9行7列(イ)も同様である．

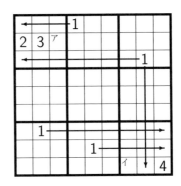

図 **2.1** 考え方 1 ブロッケン（出典：『数独通信 Vol.26』, p.4)

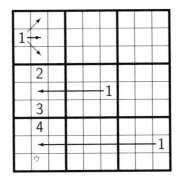

図 **2.2** 考え方 2 レッツミー（出典：『数独通信 Vol.26』, p.4)

■考え方 2 レッツミー

図 2.2 に例を示す．ここでは，2 列目に着目する．明らかに，1 が入る場所は，一番下のセル，つまり，9 行 2 列 (ウ) しかない．

この二つの考え方は，次のように一つのルールにまとめることができる．

〈ルール R1〉 あるブロックにおいて，ある数字が入るセルが 1 か所しかなければ，その数字はそのセルに入る．

ニコリは，ブロックとして正方形と列の場合を例として取り上げているが，同じことが行に対しても成立する．第 1 章で，行，列，正方形を総称したブロックという概念を導入したのは，実は，これら三つに対するルールを，一つにまとめるためであった．

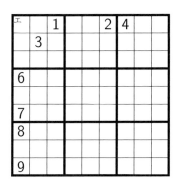

図 2.3 考え方 3 マスミ（出典：『数独通信 Vol.26』, p.5）

■**考え方 3 マスミ**

この考え方では，ブロックではなく，セルに注目する．図 2.3 に例を示す．1 行 1 列のセル（エ）に着目すると，1 行目に 1 と 2 と 4，1 列目に 6 と 7 と 8 と 9，上段左の正方形に 3 があり，5 以外の数字は入らない．ゆえに，5 が入ることが確定する．

この考え方は，次のように整理できる．

〈ルール **R2**〉あるセルにおいて，ある数字以外の数字が入らないのであれば，その数字はそのセルに入る．

実は，セルに入る数字が決まるルールは，これら二つ以外には存在しない．なお，以下では，「セルに入る数字が決まる」ことを「セルの値が確定する」，あるいは「セルに値を代入する」などと呼ぶことがある．

2.2 ルールの定式化

プログラムの実装に進む前に，ここで示した二つのルールを，より正確に記述する．そのために，次のような記法を導入する．

1. セルを表すために，c, d, e などの記号を使う．必要であれば，c_i のような添字も使う．
2. 数字を表すために，x, y, z などの記号を使う．
3. ブロックを表すために，B を使う．複数必要な場合は，B_1, B_2 のように

添字をつけて区別する．

4. ブロック B は，そのブロックに含まれるセルの集合を表す．一つのブロックは，九つのセルから構成されるので，

$$B = \{c_1, c_2, \ldots, c_9\} \tag{2.1}$$

となる．

5. グリッドは，$\mathcal{G}$ で表す．
6. グリッドには，81 個のセルが含まれる．グリッドをセルの集合と見なす場合は，$\mathcal{G}_c$ と書く．すなわち，

$$\mathcal{G}_c = \{c_1, c_2, \ldots, c_{81}\} \tag{2.2}$$

7. グリッドは，27 個のブロックが含まれる．グリッドをブロックの集合と見なす場合は，$\mathcal{G}_B$ と書く．すなわち，

$$\mathcal{G}_B = \{B_1, B_2, \ldots, B_{27}\} \tag{2.3}$$

8. 数独で用いる数字の集合，すなわち，1 から 9 の数字の集合を $\mathcal{N}$ と表す．

$$\mathcal{N} = \{1, 2, 3, 4, 5, 6, 7, 8, 9\} \tag{2.4}$$

このような準備のもとで，先ほどのルールを，より厳密な形で記述しよう．まずは，ルール R1．これを次のように三つに分解する．

〈ルール R1〉
I. あるブロックにおいて，
II. ある数字が入るセルが 1 か所しかなければ，
III. その数字はそのセルに入る．

まず，I の「あるブロックにおいて」の部分．あるブロック B は，グリッドに含まれる 27 個のブロックの一つであるから，これは，次のように書ける．

$$B \in \mathcal{G}_B \tag{2.5}$$

ここで用いる記法 $e \in S$ は，e が集合 S の要素であることを示す．

次に，II の「ある数字が入るセルが 1 か所しかなければ」の部分．まず「ある数字」は，1 から 9 までのどれか一つの数字であるから，$x \in \mathcal{N}$ と書ける．次に，「ブロック B において，数字 x を代入できるセルの集合」を返す関数を導入し，これを $\mathrm{pc}(B, x)$ と書くと約束する．pc は，possible cells （代入

可能なセル）の意味である．この関数を用いれば，II の部分は，次のような条件として書ける．

$$x \in \mathcal{N}, \quad \mathrm{pc}(B, x) = \{c\} \tag{2.6}$$

これは，ブロック B において数字 x が代入可能なセルは一つだけあり，それは，c であることを表現する．

最後に，III の「その数字はそのセルに入る」の部分．その数字は x であり，そのセルは c である．「セル c に数字 x が入ることが確定すること」を次のように表すことにしよう．

$$c \leftarrow x \tag{2.7}$$

以上をまとめると，ルール R1 は次のような形式にまとめられる．

〈ルール R1〉
I. あるブロックにおいて， $B \in \mathcal{G}_B$
II. ある数字が入るセルが 1 か所しかなければ， $x \in \mathcal{N}, \ \mathrm{pc}(B, x) = \{c\}$
III. その数字はそのセルに入る． $c \leftarrow x$

同じように，ルール R2 も厳密な形で書こう．

〈ルール R2〉
I. あるセルにおいて， $c \in \mathcal{G}_c$
II. ある数字以外の数字が入らないのであれば， $\mathrm{pn}(c) = \{x\}$
III. その数字はそのセルに入る． $c \leftarrow x$

ここでは，「セル c に代入可能な数字の集合」を，$\mathrm{pn}(c)$ で表現することにした．pn は，possible numbers（代入可能な数字）の意味である．

これらをまとめると，次のようになる．

$$\begin{aligned} &\mathbf{R1} \quad B \in \mathcal{G}_B, \ x \in \mathcal{N}, \ \mathrm{pc}(B, x) = \{c\} \implies c \leftarrow x \\ &\mathbf{R2} \quad c \in \mathcal{G}_c, \quad\quad\quad\quad \mathrm{pn}(c) = \{x\} \implies c \leftarrow x \end{aligned} \tag{2.8}$$

なんだか，ずいぶん似たような形になった．この点については，後で議論する．

実は，もう少し考えを進めておく必要がある．というのは，数独では「一つのブロックには，1 から 9 までの数字が一つずつ入る」という条件があるため，次のことが成立する．

〈ルール R0〉セル c の値が数字 x に確定すると，セル c が属する三つのブ

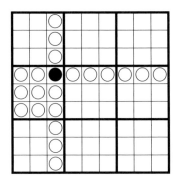

図 2.4 あるセル c（●）に関連するセル集合 $\mathrm{cc}(c)$（○）

ロックの他のセルには，x は入らなくなる．

これを簡単に表現するために「セル c が所属する三つのブロックに属するセル集合の和集合，ただし，c を除く」を返す関数 $\mathrm{cc}(c)$ を準備しよう（図 2.4）．cc は，connected cells（関連するセル）の意である．このような関数を準備すれば，先のルールは，次のように書ける．

$$\mathbf{R0} \quad c = x \implies \mathrm{cc}(c) \downarrow x \tag{2.9}$$

ここでは，セル集合 C に属するどのセルにも数字 x が入らないことを，$C \downarrow x$ と書いた．

以上のことは，セル c の値が x に確定した場合以外に，最初からセル c に数字 x が入っていた場合にも成立する．このため，ルールの左辺は，$c \leftarrow x$ ではなく，$c = x$（セル c の値が x であるとき）と書いた．このルールを R0 とする．

このような形でルールを整理すると，プログラムをどのように書くべきかが，かなりはっきりしてくる．

1. それぞれのセル c において，数字がすでに代入されているのか，あるいは，まだ代入されていないのか，の区別が必要．
2. セル c に対して，代入可能な数の集合を求める関数 $\mathrm{pn}(c)$ が必要．
3. セル c に対して，そのセルに関連するセル集合を求める関数 $\mathrm{cc}(c)$ が必要．
4. 「セル c に数字 x を代入する」という操作が必要．
5. 「セル c には数字 x が入らない」ことを情報として保持することが必要．
6. ブロック B に対して，数字 x を代入することができるセルの集合を求め

る関数 pc(B, x) が必要.

これらのことを念頭において，プログラムを設計する．

2.3 オブジェクト設計

　Ruby はオブジェクト指向と呼ばれるタイプの言語である．小さなプログラムを作る場合は，新しいクラスを定義せずに済ませることが多いが，それなりに大きなプログラムを作る場合は，独自のクラスを導入するのが一般的である．前節の整理を念頭において，まずは，セル Cell，ブロック Block，グリッド Grid という，3 種類のクラスを導入する．

　クラスの定義は，小さな部品から作る場合（これを，ボトムアップ (bottom-up) に作ると言う）と，全体から作る場合（トップダウン (top-down) に作る）がある．私は，どちらかというとボトムアップ派なので，セルから作っていく．

　ここで重要なこと．<u>必ず新規のモジュールを定義して，そのモジュール内でクラスを定義する</u>．Ruby のモジュールを正確に説明するのはかなり難しいのだが，プログラマーにとっての実用的な機能の一つは，「他のプログラムと干渉しないようにするための仕組み」である．つまり，これから作るプログラムが，Ruby 本体や他のプログラムと干渉しない（悪い影響を与えない）ように，新たなるモジュールを定義し，いわば，壁を作るのである．

　具体的には，次のようにモジュールの中でクラスを定義する．

```
module Sudoku
  class Cell
  end
  class Block
  end
  class Grid
  end
end # of module Sudoku
```

ここでは，それぞれのクラスの定義は空であり，その部分をこれから作る．まずは，セルから．

```
class Cell
  attr_reader :id, :val, :possible

  def initialize (id, val)
    @id  = id       # ID: 0-80
    @val = val      # 確定した値
    @possible = ( val ? [] : (1..9).to_a ) # 割り当て可能な値(リスト)
    @block = []     # 所属するブロック (0=row, 1=column, 2=square)
  end

  def external_form () # 表示用
    "C-#{id/9+1}-#{id%9+1}"
  end

  def set_block (block) # 所属するブロックを記憶する
    case block.type
    when :row    then @block[0] = block
    when :column then @block[1] = block
    when :square then @block[2] = block
    end
  end
end
```

　第1章と大きく変わったのは，セルの内部表現である．第1章では，セルは，整数（値が定まった場合）かnil（値が定まっていない場合）であったが，この他に，割当可能な値のリスト`@possible`を保持する．ここが重要なポイントである．

　それ以外の違いは，各セルが，自分が属する三つのブロック (`@block`) を知っている点である．これで，ブロックとセルの行き来が，双方向で簡単にできるようになる．

　次はブロック．

```
class Block
  attr_reader :type, :id, :cell

  def initialize (type, id, cell)
    @type = type    # :row, :column, or :square
```

```
    @id   = id      # 0-8
    @cell = cell    # nine cells

    @cell.each do |c| # ブロックに含まれるセルに，所属情報を伝える
      c.set_block(self)
    end
  end

  def external_form () # 表示用
    "#{@type.to_s}-#{@id+1}"
  end
end
```

ブロックには，行 (row)，列 (column)，正方形 (square) の 3 種類があり，それぞれ九つずつ存在する．各ブロックは，自分の支配下にある九つのセルを保持する．

最後にグリッド．

```
class Grid

  def cell_id (i, j) # i 行 j 列のセル番号 (i:0-8, j:0-8, id:0-80)
    i * 9 + j
  end

  def initialize (string)
    # セルの作成
    @cell = string.split(//).enum_for(:each_with_index).collect{|x, i|
      Cell.new(i, ( x =~ /^[1-9]$/ ? x.to_i : nil ) ) }

    # ブロックの作成
    @row    = (0..8).collect{|i| Block.new(:row, i, @cell[9*i, 9])}
    @column = (0..8).collect{|i|
      Block.new(:column, i, (0..8).collect{|j| @cell[cell_id(j, i)]})}
    @square = (0..8).collect{|i|
      Block.new(:square, i,
                (0..8).collect{|j| @cell[cell_id(3*(i/3)+j/3, 3*(i%3)+j%3)]})}
    @block  = @square + @row + @column
  end
end
```

グリッドの作成では，まず，81個のセルを作り，次に，27個のブロックを作る．以上で，情報を格納するためのデータ構造の定義は終了である．

なお，このプログラムに含まれる `enum_for` がわからない場合は，Rubyの本かマニュアルを調べよう．

2.4　セルとブロックの状態を調べる

ソルバーの作成に進む前に，セルとブロックの状態を調べるメソッドを準備する．まず，クラス Cell に対しては，次の四つのメソッドを定義する．

1. そのセルにまだ数字が代入されていないかどうかを調べるメソッド (`empty?`)
2. そのセルに代入可能な数字集合 $pn(c)$ を返すメソッド (`possible_numbers`)
3. そのセルに関連するセル集合 $cc(c)$ を返すメソッド (`connected_cells`)
4. 関連するセル集合のうち，まだ，値が代入されていないセルのみを集めた集合を返すメソッド (`connected_empty_cells`)

```ruby
# セルの状態を調べる
def empty? () # まだ値が代入されていないか？
  !@val
end

def possible_numbers () # 代入可能な値のリスト
  @possible
end

def connected_cells () # 関連するセル集合
  @block.collect{|b| b.cell}.inject(:|) - [self]
end

def connected_empty_cells () # 関連するセル集合 (未代入のみ)
  connected_cells().select{|c| c.empty?}
end
```

なお，ここで出てくる `inject` については，次の節で補足する．

同様に，クラス Block に対して，次のメソッドを準備しておく．これらは，

ブロック内の九つのセル群を調査するメソッドである．

1. そのブロックにおいて，まだ値が代入されていないセル集合を返すメソッド (`empty_cells`)
2. そのブロックにおいて，数字 x を代入できるセル集合 $pc(B, x)$ を返すメソッド (`possible_cells`)
3. そのブロックにおいて，すでに割り当てられている（どこかのセルに代入されている）数字集合を返すメソッド (`assigned_numbers`)
4. そのブロックにおいて，まだ割り当てられていない（どのセルにも代入されていない）数字集合を返すメソッド (`free_numbers`)

```ruby
# ブロックの状態を調べる
def empty_cells ()      # このブロックにおいて，まだ値が確定していないセル集合
  @cell.select{|c| c.empty?}
end

def possible_cells (x)  # このブロックにおいて，数字 x を入れることができるセル集合
  empty_cells().select{|s| s.possible.member?(x)}
end

def assigned_numbers () # このブロックにおいて，すでに割り当てられている数字集合
  @cell.select{|c| c.val}.collect{|c| c.val}
end

def free_numbers ()     # このブロックにおいて，まだ割り当てられていない数字集合
  (1..9).to_a - assigned_numbers()
end
```

2.5 四つ目の神器

　ここでちょっと寄り道して，前節の `connected_cells` で使用した `inject` について補足しよう．メソッド `inject` は，リスト処理の三種の神器 (`each`, `select`, `collect`) に続く，四つ目の神器である．
　このメソッドについて話し出すととても長くなるのだが，寄り道なので，最小限にとどめよう．まずは，次の実行例が理解できればよい．

```
irb(main):001:0> a=[1,2,3,4]
=> [1, 2, 3, 4]
irb(main):002:0> a.inject(0){|sum,n| sum+n}
=> 10
irb(main):003:0> a.inject(:+)
=> 10
```

上記の実行例では，irb (Interactive Ruby) を用いている．まず，変数aに，1から4までの数字のリストを代入しておき，それらの数字の総和を求める．最初のinjectの呼び出し形式は以前からある形式であり，後者の呼び出し形式はRuby 1.8.7 以降で追加された形式である．どちらも使えるが，後者の形式はとても便利．要は，次のような計算をしてくれるということである．

```
( ( ( 1 + 2 ) + 3 ) + 4 )
```

まず，リストの第1要素である1と第2要素である2を足し（これが，:+ の意味である），次に，その結果にリストの第3要素3を足した値を求め，最後にリストの第4要素4をさらに足した値を求める．

前者の形式は，初期値（この例の場合は，0）を用いる場合である．この場合は，次の計算が行われる．

```
( ( ( ( 0 + 1 ) + 2 ) + 3 ) + 4 )
```

これらのことが理解できれば，以下のコードが何を意味するかが理解できるだろう．

```
@block.collect{|b| b.cell}.inject(:|)
```

このコードでは，@blockに格納されている三つのBlockオブジェクトに対し，そのブロックが支配するセルのリストを求め，それらの和集合をとる．三つのリストの和集合をとる際に，injectを使用しているのである．なお，これは，以下のようにも書けるが，injectを使うほうがスマートである．

```
@block[0].cell | @block[1].cell | @block[2].cell
```

最後に，inject のちょっと高度な使用例として，フィボナッチ数列の最初の七つを求めるコードを示しておく．

```
irb(main):001:0> (0..5).inject([1, 1]) { |fib, i| fib << fib[i] + fib[i+1] }
=> [1, 1, 2, 3, 5, 8, 13, 21]
```

2.6 ソルバーの基本構造

本筋に戻ろう．準備が整ったので，ソルバーの設計に進む．どんな構造のソルバーを作るかには，多くの選択肢がある．ここでは，将来のことも見据えて，次のような構造を採用する．

1. 数字の初期配置に基づいて，各セルに，代入不可能な数字の情報を伝達する（**初期配置の制約伝搬**）．
2. 可能な限り，次のループを実行する．
   (a) ルール R1 または R2 が適用できる場所をすべて見つける（**適用できるルールとその場所の発見**）．
   (b) その一つを選ぶ（**ルール適用の選択**）．
   (c) そのルールをその場所に適用する（**ルールの実行**）．
      その適用によって，あるセルにある値が代入された場合，ルール R0 を適用して関連するセルの状態を更新する（**R0 の実行**）．

どうしてこのような構造を取るかというと，セルに数字を代入することを，一つずつ行いたいからである．もちろん，ルールが適用できる場所を見つけた段階で，すぐにルールを実行してグリッドの状態を書き換えることもできる．おそらく多くの人は，そのようなプログラムを書くだろう．しかしここではそれをぐっと我慢して，ルールが適用できる場所を発見することと，ルールを実行してグリッドの状態を書き換えることを明確に分離する．さらに，1 回のループでは，ルールの実行を 1 回に制限する（ルール R0 は目に見えないルールなので，ルール R1 または R2 の適用とセットで適用する）．どうしてそんな面倒くさいことをと思うかもしれないが，これにはある明確な狙い

がある（後で明らかにする）．

2.7 ルールの条件部の実装

ソルバーの本体に手をつける前に，それぞれのルールの条件部を実装しよう．つまり，ルールが適用できる場所を見つけるプログラムである．

まず，ルール R1 から．R1 の条件部は，

$$B_i \in \mathcal{G}_b, \quad x \in \mathcal{N}, \quad \mathrm{pc}(B_i, x) = \{c\}$$

だから，クラス Block のメソッドとして，このような条件を満たす数字 x とセル c の組を見つけるプログラムを作る．これまでの下準備のおかげで，ほとんどダイレクトに翻訳できる．R1 は，プログラムの内部では，`single_cell` と命名する．

```
# ルールが適用できるかどうか調べる
def find_single_cell () # 「ある数字 x が代入できるセルは一つである」ものを見つける
  free_numbers().collect{|x|
    ( (pc = possible_cells(x)).length == 1 ?
      Rule.new(:single_cell, pc[0], x, self) : nil )
  }.compact
end
```

条件を満たす数字 x とセル c (=pc[0]) の組が見つかれば，そこにルール R1 が適用できる．この情報を覚えておくために，新たに Rule クラスを導入する．このオブジェクトは，どのようなデータ構造にすればよいか，まだよくわからないので，まずは次のような簡単なものを用意する．

```
class Rule
  def initialize (*args)
    @spec = args
  end
end
```

一方，R2 の条件部は，以下のとおり．

$$c \in \mathcal{G}_c, \quad \mathrm{pn}(c) = \{x\}$$

ゆえに，このルールの適用場所を見つけるプログラムは，クラス Cell のメソッドにする．R2 のプログラム内の名称は，single_number とする．

```
# ルールが適用できるかどうか調べる
def find_single_number ()
  ( @possible.length == 1 ?
    Rule.new(:single_number, self, @possible[0]) : nil )
end
```

2.8 ルールの実行部の実装

次に，ルールの実行部に進もう．

最初に作るのは，セルの状態を変更する，一番ボトム（底辺）のメソッドである．セル c の状態の変更には，2 種類ある．

1. セル c の値は，数字 x に確定した．
2. セル c には，数字 y が代入できないことが判明した．

これらは，当然，クラス Cell のメソッドとなる．

```
# セルの状態を変更する
def assign (x)  # 実際に値 x を割り当てる
  @possible = []
  @val      = x
end

def cannot_assign (x)  # 値 x は代入できない
  @possible = @possible - [x]
end
```

セルの状態を書き換える場合は，必ず，このどちらかのメソッドを使うことにする．これがボトムの意味である．このようなプログラムにしておけば，なにかまずいことが起きた場合，この二つのメソッドの実行を追跡（トレース）すれば，それがどこで起きたのかを明確に知ることができる．

次に，それぞれのルールの実装を考えよう．まずは，ルール R0 から．

$$\text{R0} \quad c = x \implies \text{cc}(c) \downarrow x \tag{2.10}$$

ここでは，条件が成立した後の部分を実装する．

```
def propagate ()          # <R0> このセルの値は，数字@val と確定した
  connected_empty_cells().each do |c|  # このセルと関連する（未代入の）セルに
    c.cannot_assign(@val)              # 数字@val が入らないことを知らせる
  end
end
```

このプログラムの `connected_empty_cells` の部分は，`connected_cells` でもよいが，値が確定しているセルに対しては，何の効果もないので，そのようなセルはあらかじめ除外する．

その次は，ルール R1 と R2．

$$\begin{array}{ll} \text{R1} & B \in \mathcal{G}_b, \quad x \in \mathcal{N}, \quad \text{pc}(B, x) = \{c\} \implies c \leftarrow x \\ \text{R2} & c \in \mathcal{G}_c, \quad\quad\quad\quad\quad \text{pn}(c) = \{x\} \implies c \leftarrow x \end{array} \tag{2.11}$$

これらのルールの実行部は同じだから，同一メソッドでもよいが，いちおう，別のメソッドを定義する．これらは，Cell のメソッドとする．ルールの実行を行うメソッド名には，ルール名をそのまま用いる．

```
def single_cell (x, block) # <R1> block において，数字 x が入るのは，このセルのみ
  assign(x)              # ==> (1) 数字 x を代入する
  propagate()            #     (2) 関連するセルに数字 x が代入できないことを知らせる
end

def single_number (x) # <R2> このセルには，数字 x しか入らない
  assign(x)              # ==> (1) 数字 x を代入する
  propagate()            #     (2) 関連するセルに数字 x が代入できないことを知らせる
end
```

メソッド `single_cell` の第 2 引数である `block` は不要だが，どのブロックでその事実が判明したかを知りたい場合があるかもしれないので，いちおう残しておく．これで，ルールまわりはだいたい完了した．

2.9 ソルバー本体の実装

準備が整ったので，クラス Grid において，適用できるルールを探すメソッドを定義しよう．ここにも，かなりの自由度があるが，将来を見据えて，次のような方針を採用する．

1. 引数に，探すべきルールの名前のリストが渡される．そのリストは，探すべきルールの優先順位を表している．
2. 優先度の高いルールから順に探し，適用できる場所が見つかったならば，それよりも優先度が低いルールは探さない．

このような方針に基づくプログラムは，次のようになる．

```ruby
# 適用できるルールを探す
def find_applicable_rules (rules) # rules = [:single_cell, :single_number]
  rules.each do |rule|
    applicable = find_applicable_rule_instances(rule)
    if !applicable.empty?
      return applicable
    end
  end
  []
end

def find_applicable_rule_instances (rule)
  case rule
  when :single_number
    @cell.collect{|c| c.find_single_number}.compact
  when :single_cell
    @block.collect{|b| b.find_single_cell}.flatten
  end
end
```

二つ目のメソッド (`find_applicable_rule_instance`) において，`:single_number` の場合と，`:single_cell` の場合とでは，ルールを適用する対象が異なることに注意しよう．前者のルールはセル集合 (`@cell`) に対して適用するのに対し，後者のルールはブロック集合 (`@block`) に対して適用する．

ここまで作った後，ソルバー本体を書く．これも，Grid のメソッドである．

```
# ソルバー本体
def solve (rules, verbose=nil)
  self.initial_propagate # 初期配置情報の伝播
  step = 0

  while (!self.solved?) do
    ar = find_applicable_rules(rules) # 適用できるルールとその場所を探す
    break if ar.empty?                # 存在しない（解けなかった）=> 終了
    printf("[Step %02d] %2d; %s\n",
           step+=1, ar.length, ar[0].external_form) if verbose # 表示
    ar[0].apply                       # ルールを実際に適用する
  end
  self.solved?                        # 最終的に解けたか？
end

def solved? ()  # 解けたか？
  !@cell.find{|c| c.empty?}
end

def show_result (pad=' ') # 結果の表示
  print((0..8).collect{|i|
         @cell[9*i, 9].collect{|c| c.val||'.'}.join('')}.join(pad), "\n")
end
```

ここで，メソッド sloved? は解けたかどうかを調べる．メソッド solve は，この値を返す．解けた場合は true を，解けなかった場合は false を返す．

残っているのは，initial_propagate と apply．initial_propagate は，クラス Grid のメソッドとして，次のように定義する．話は簡単で，初期配置において数字が入っているセルを見つけ，関連するセルにその数字が入らないことを伝えるだけである．

```
# 初期配置情報の伝播
def initial_propagate ()
  @cell.each do |c|
    c.propagate() if c.val
  end
```

```
  end
```

最後に残ったのが，apply．これは，Rule のメソッドとする．

```
def apply ()
  @spec[1].send(@spec[0], *@spec[2..-1])
end
```

@spec[0] は，ルール名．@spec[1] は，そのルールを適用する対象となるセル（インスタンス）．ルールの実行を行うメソッド名として，ルール名をそのまま用いることにしたので，ここに示したように send が使える．@spec[2] 以降は，他の引数．

表示用などの細かいメソッドは残っているが，これで，ソルバーの本体は，いちおう完成である．入出力インタフェースは，次のようにする．

```
require 'optparse'

param = ARGV.getopts('vr:')

verbose = param['v'] # 表示モード

Rules = [:single_cell, :single_number]
rules = ( !param['r'] ? Rules : Rules[0, param['r'].to_i] )

ARGF.each do |line|
  line.chomp!
  next if line =~ /^\s*$/  # 空行はスキップ
  print line, "\n"

  q = line.split(/\t/)[0]  # tab 以降はコメント
  grid = Sudoku::Grid.new(q.gsub(/\s/, ''))
  grid.solve(rules, verbose)
  grid.show_result()
end
```

表 2.1 『数独通信 Vol.26』の問題の難易度

難易度		問題番号
Easy	☆	1–6
	☆☆	7–14
	☆☆☆	15–20
Medium	☆	21–33
	☆☆	34–48
	☆☆☆	49-60
Hard	☆	61–72
	☆☆	73–86
	☆☆☆	87–94

2.10　どんな問題が解けるか

ソルバーができたので，実際に数独の問題を解かせてみよう．新聞や雑誌に載っているレベルの問題であれば，かなりの確率で解けると思う．

ニコリの『数独通信 Vol.26』の問題には，9 段階の難易度が付与されている（表 2.1）．このソルバーで，どのくらい問題が解けるだろうか．実際に解かせてみると，次のようになった．

- ルール R1 だけで，50 問 (1–48, 52, 56)
- ルール R1 と R2 で，59 問 (1–59)

1 問の例外はあるが，ニコリの Medium レベルの問題は，二つの基本ルールで解けるということである．さらに，Medium ☆☆ までの問題は，すべて R1 のみで解ける．この結果より，ニコリは，二つの基本ルールで解ける問題を Medium 以下に分類していると推測できる．

2.11　クラス設計とオブジェクト指向

オブジェクト指向言語では，独自クラスをどれだけ導入するかについて，大きな自由度がある．どんなクラスを導入するかで，プログラムサイズは大きく変わってくる．しかしながら，「こうすればよい」という確固たる指針はないように思う．

基本的に，私は，導入するクラスの数を比較的少数に限定する方針で臨む．この章のプログラムでは，当初は，Grid, Block, Cell の三つのクラスを導入し，プログラム作成の途中で，Rule クラスを導入した．Block は，Row, Column, Square の 3 種類のクラスに分ける方法もあるし，Rule も，それぞれのルール（R1 と R2）に対して，別のクラスを定義する方法もある．プログラム作成の途中で，そちらのほうがよいと判断すれば，クラスを分けるが，最初は，まとめる方向で考える．必要以上に多くのクラスを導入すると，プログラムがわかりにくくなるように思えるからである．

当然のことながら，新たなクラスを導入しなくても，プログラムを作ることはできる（第 1 章ではそうした）．それにもかかわらず，新たなクラスを導入するのは，そのほうが，プログラムの見通しがよくなることを期待するからである．一般に，データ構造がある種の主体性を持つ場合，それをオブジェクト化するのが，よいように思う．

ここで「主体性」というのは，データを擬人化した場合の物言いである．たとえば，この章では，途中から Rule をオブジェクト化（クラスとして定義）した．それはなぜかというと，あるルールが数独の状態をどう変えるか，それは，ルールが知っているべきだと考えたからである．もし，ルールをオブジェクト化しないならば，ルールがどのように数独の状態を変えるか (apply) を，Grid のメソッドとして実装することになるが，これは，Grid が知っているべきことではなく，個々のルールが知っておけばいいことである．それゆえ，Grid のメソッドとして実装することは，気持ちが悪い．

「誰が何を知っていることにするか」．これが，オブジェクト指向プログラミングにおいて，オブジェクト（クラス）設計・メソッド設計において考えるべき本質である．ここで「誰」はオブジェクト，「何」はデータ（情報）またはやり方（アルゴリズム）である．

たとえば，セルは，自分の値が確定しているかどうか，確定している場合はその値を，まだ確定していない場合は代入可能な値を知っている．そして，自分がどのブロックに所属しているか知っている．知っていることはそれだけである．

ブロックは，自分の支配下にある九つのセルを知っている．それらのセルにお伺いをたてることによって，たとえば，R1 が適用可能かどうか調べることができる（その方法を知っている）．

グリッドは，自分の支配下にある 81 個のセルと，27 個のブロックを知っている．それらから適切に情報を引き出すことにより，数独の問題を解く方

法を知っている.

　このように考えるのが自然であり，収まりがよい．そのようなセンスで，クラスやメソッドを設計するのである．

2.12　ルール R1 と R2 の関係

　この章を終える前に，ルール R1 と R2 が非常に似たような形になったことの謎解きをしよう.

　数独では，一つのブロックにセルが九つあり，それに 1 から 9 までの数字を一つずつ入れることが求められる．これは，表 2.2 に示すような表において，各行，各列に一つだけ○を入れる問題に焼き直すことができる.

　この表において，「○は値が確定したこと」を，「×は代入できないことが判明したこと」を表すと約束する．こうすると，

〈ルール R1〉 あるブロックにおいて，ある数字が入るセルが 1 か所しかなければ，その数字はそのセルに入る

は，「この表のいずれかの 列 で，空白である 1 か所を除いてすべてが×であれば，空白は○となる」ことに対応する．たとえば，表 2.2 では，数字 1 はセル c_6 に入ることが確定する.

　一方,

〈ルール R2〉 あるセルにおいて，ある数字以外の数字が入らないのであれば，その数字はそのセルに入る

は，「この表のいずれかの 行 で，空白である 1 か所を除いてすべてが×であれば，空白は○となる」ことに対応する．たとえば，表 2.2 では，セル c_1 には数字 5 が入ることが確定する.

　つまり，これら二つのルールの違いは，この表における行と列の違いだけであり，その構造は，本質的に同じなのである．次の章では，この事実を活用することになるだろう.

表 2.2 セルと数字の対応付け

	1	2	3	4	5	6	7	8	9
c_1	×	×	×	×		×	×	×	
c_2	×	×	×						
c_3		×	×	×					
c_4	×	○	×	×	×	×	×	×	
c_5	×	×	○	×	×	×	×	×	×
c_6		×							
c_7	×	×	×						
c_8	×	×	×						
c_9	×	×	×						

2.13 この章のプログラムのまとめ

最後に，この章で作成したプログラムの最終形を示す．1章のプログラムより，ずいぶん長くなった．

```ruby
#!/usr/local/bin/ruby -E utf-8
# -*- coding: utf-8 -*-
#
# 数独ソルバー（基本ルール）by Satoshi Sato, 2014

module Sudoku

  class Cell

    attr_reader :id, :val, :possible

    def initialize (id, val)
      @id  = id       # ID: 0-80
      @val = val      # 確定した値
      @possible = ( val ? [] : (1..9).to_a ) # 割り当て可能な値 (リスト)
      @block = []     # 所属するブロック (0=row, 1=column, 2=square)
    end

    def external_form () # 表示用
```

```ruby
      "C-#{id/9+1}-#{id%9+1}"
    end

    def set_block (block) # 所属するブロックを記憶する
      case block.type
      when :row    then @block[0] = block
      when :column then @block[1] = block
      when :square then @block[2] = block
      end
    end

    # セルの状態を調べる
    def empty? () # まだ値が代入されていないか？
      !@val
    end

    def possible_numbers () # 代入可能な値のリスト
      @possible
    end

    def connected_cells () # 関連するセル集合
      @block.collect{|b| b.cell}.inject(:|) - [self]
    end

    def connected_empty_cells () # 関連するセル集合 (未代入のみ)
      connected_cells().select{|c| c.empty?}
    end

    # ルールが適用できるかどうか調べる
    def find_single_number ()
      ( @possible.length == 1 ?
        Rule.new(:single_number, self, @possible[0]) : nil )
    end

    # セルの状態を変更する
    def assign (x) # 実際に値 x を割り当てる
      @possible = []
      @val      = x
    end
```

```ruby
    def cannot_assign (x) # 値 x は代入できない
      @possible = @possible - [x]
    end

    # ルールを適用し、セルの状態を変更する
    def propagate ()      # <R0> このセルの値は、数字@val と確定した
      connected_empty_cells().each do |c| # このセルと関連する（未代入の）セルに
        c.cannot_assign(@val)             # 数字@val が入らないことを知らせる
      end
    end

    def single_cell (x, block) # <R1> block において、数字 x が入るセルは、このセルのみ
      assign(x)          # ==> (1) 数字 x を代入する
      propagate()        #     (2) 関連するセルに数字 x が代入できないことを知らせる
    end

    def single_number (x) # <R2> このセルには、数字 x しか入らない
      assign(x)          # ==> (1) 数字 x を代入する
      propagate()        #     (2) 関連するセルに数字 x が代入できないことを知らせる
    end

end

class Block

    attr_reader :type, :id, :cell

    def initialize (type, id, cell)
      @type = type  # :row, :column, or :square
      @id   = id    # 0-8
      @cell = cell  # nine cells

      @cell.each do |c| # ブロックに含まれるセルに、所属情報を伝える
        c.set_block(self)
      end
    end

    def external_form () # 表示用
```

```ruby
      "#{@type.to_s}-#{@id+1}"
  end

  # ブロックの状態を調べる
  def empty_cells ()       # このブロックにおいて、まだ値が確定していないセル集合
    @cell.select{|c| c.empty?}
  end

  def possible_cells (x) # このブロックにおいて、数字 x を入れることができるセル集合
    self.empty_cells.select{|s| s.possible.member?(x)}
  end

  def assigned_numbers () # このブロックにおいて、すでに割り当てられている数字集合
    @cell.select{|c| c.val}.collect{|c| c.val}
  end

  def free_numbers ()    # このブロックにおいて、まだ割り当てられていない数字集合
    (1..9).to_a - self.assigned_numbers
  end

  # ルールが適用できるかどうか調べる
  def find_single_cell () # 「ある数字 x が代入できるセルは一つである」ものを見つける
    free_numbers().collect{|x|
      ( (pc = possible_cells(x)).length == 1 ?
        Rule.new(:single_cell, pc[0], x, self) : nil )
    }.compact
  end

end

class Rule

  def initialize (*args)
    @spec = args
  end

  def apply ()
    @spec[1].send(@spec[0], *@spec[2..-1])
  end
```

```ruby
    def external_form ()  # 表示用
      case @spec[0]
      when :single_number
        [@spec[0], @spec[1].external_form, @spec[2]].join(" ")
      when :single_cell
        [@spec[0], @spec[1].external_form, @spec[2],
         @spec[3].external_form].join(" ")
      end
    end

end

class Grid

  def cell_id (i, j) # i 行 j 列のセル番号 (i:0-8, j:0-8, id:0-80)
    i * 9 + j
  end

  def initialize (string)
    # セルの作成
    @cell = string.split(//).enum_for(:each_with_index).collect{|x, i|
      Cell.new(i, ( x =~ /^[1-9]$/ ? x.to_i : nil ) ) }

    # ブロックの作成
    @row    = (0..8).collect{|i| Block.new(:row, i, @cell[9*i, 9])}
    @column = (0..8).collect{|i|
      Block.new(:column, i, (0..8).collect{|j| @cell[cell_id(j, i)]})}
    @square = (0..8).collect{|i|
      Block.new(:square, i,
                (0..8).collect{|j| @cell[cell_id(3*(i/3)+j/3, 3*(i%3)+j%3)]})}
    @block = @square + @row + @column
  end

  # 初期配置情報の伝播
  def initial_propagate ()
    @cell.each do |c|
      c.propagate() if c.val
    end
```

```ruby
    end

  # 適用できるルールを探す
  def find_applicable_rules (rules) # rules = [:single_cell, :single_number]
    rules.each do |rule|
      applicable = find_applicable_rule_instances(rule)
      if !applicable.empty?
        return applicable
      end
    end
    []
  end

  def find_applicable_rule_instances (rule)
    case rule
    when :single_number
      @cell.collect{|c| c.find_single_number}.compact
    when :single_cell
      @block.collect{|b| b.find_single_cell}.flatten
    end
  end

  # ソルバー本体
  def solve (rules, verbose=nil)
    self.initial_propagate # 初期配置情報の伝播
    step = 0

    while (!self.solved?) do
      ar = find_applicable_rules(rules) # 適用できるルールとその場所を探す
      break if ar.empty?              # 存在しない (解けなかった) => 終了
      printf("[Step %02d] %2d; %s\n",
             step+=1, ar.length, ar[0].external_form) if verbose # 表示
      ar[0].apply                     # ルールを実際に適用する
    end
    self.solved?                      # 最終的に解けたか？
  end

  def solved? () # 解けたか？
    !@cell.find{|c| c.empty?}
```

```
    end

    def show_result (pad=' ')  # 結果の表示
      print((0..8).collect{|i|
            @cell[9*i, 9].collect{|c| c.val||'.'}.join('')}.join(pad), "\n")
    end

  end
end

require 'optparse'
param = ARGV.getopts('vr:')
verbose = param['v']  # 表示モード

Rules = [:single_cell, :single_number]
rules = ( !param['r'] ? Rules : Rules[0, param['r'].to_i] )

ARGF.each do |line|
  line.chomp!
  next if line =~ /^\s*$/  # 空行はスキップ
  print line, "\n"

  q = line.split(/\t/)[0]  # tab 以降はコメント
  grid = Sudoku::Grid.new(q.gsub(/\s/, ''))
  grid.solve(rules, verbose)
  grid.show_result()
end
```

column

■ AIシステムを作るとは

　人工知能研究の本質は，これまで知能が必要と考えられてきたタスクの実行を，「計算」に置き換えることである．この「計算」は，具体的には，計算の手順（アルゴリズム）とその計算に使われる材料（データ）から構成される．つまり，ものすごく単純化してしまえば，何（データ）があって，それをどう料理すれば（アルゴリズム），そのタスクを実行できるかを考えることが人工知能研究，つまり「AIシステムを作る」ことである．

　本書が対象としている数独ソルバーも，非常に初歩的なAIシステムと言えないこともない．4章で最終的に作成するソルバーは，おそらく，ほとんどの人よりも数独を解くのがうまい．数独を解く速度は，完全に人間を凌駕する．対象としている問題が数独なのでインパクトはないが，たとえば，それがセンター試験の「国語」の問題だったらどうだろうか．ほとんどの人よりも良い点数を取るプログラムを作れば，多くの人々は，そのプログラムをAIシステムと見なすであろう．

　「数独とセンター試験『国語』じゃ，全然レベルが違うじゃないか」と思われるかもしれない．確かに，全然レベルが違う．しかし，そのレベルの違いは，「どのくらい機械的に解く方法が判明しているか」の違いである．

　もし，コンピュータである問題を解けたならば，それは，その問題を機械的に解く方法が見つかったことを意味する．ニコリの数独がコンピュータで解けるのは，それを機械的に解く方法が存在するからであり，我々が本書で考えるのは，まさに，この方法である．もし，センター試験「国語」の大多数の問題が解けるようなシステムが実現できたとしたならば，それは，それらの問題を機械的に解く方法が見つかったことを意味する（これが実現できたら，センター試験の作成を担当している大学入試センターは困るだろうが，その前に，現在の形態のセンター試験はなくなる雲行きである）．

　コンピュータ・プログラムは，作成者の設計どおりに動く．そうでなければ，バグのあるプログラムである．もちろん，プログラムのサイズが大きくなると，すべての動作をテストすることが非常に難しくなる（つまり，バグが放置されることになる）．その結果，作成者の予想と異なる

挙動を示すことがあるが，それはあくまで考え落とし，設計ミス，実装ミスである．それを除けば，プログラムは設計どおりにしか動かない．ミラクルな部分はどこにも存在しないのである．

AIシステムを作るためには，対象とする問題を解く機械的な方法が必要である．それを考える過程をとおして，結果的に，その問題について多くのことを知ることになる．数独ソルバーを作ることをとおして，我々は「数独」という問題について，多くのことを知ることになろう．もちろん，本書の最後に到達しても，まだ多くの謎が残されているが，ソルバーを作る前とは段違いである．

ある問題を解くAIシステムを作ることは，その問題についての理解を深める一つの方法である．そして，その問題を解くために必要な能力についての理解を深める方法でもある．

第3章

上級ルールを実装する

本章では、『数独通信 Vol.26』の第 60 問以降を解く方法を考える．この章では、次のことを行う．

- 数独の三つの上級ルールを理解する．
- それらのルールをプログラムとして実装する．
- それらのルールと基本ルールとの関係を理解する．
- 本質的理解と汎化の重要性を学ぶ．

3.1 三つの上級ルール

『数独通信 Vol.26』に示されている，残り三つの考え方（ルール）を眺めるところから始めよう．

■**考え方 4　いずれにしても理論**

まずは図 3.1 の左側．上段中央の正方形ブロックに着目すると，1 行目と 5 列目には数字 1 は入らない．つまり，このブロックで数字 1 が入りうるのは，★印をつけたセル，すなわち 3 行 4 列のセルか，あるいは 3 行 6 列のセルである．**いずれにしても 3 行目には，もう 1 は入らない**．この事実を使うと，上段右の正方形ブロックで 1 が入る場所は，2 行 8 列のセル（オ）に確定する．

右の図も同様である．中段左の正方形ブロックで数字 1 が入るのは◎のセルのどちらかであるが，**いずれにせよ 3 列目である**．それゆえ，9 行 3 列のセル（カ）には，1 は入らない．この結果，マスミにより，（カ）には，9 が入ることが確定する．

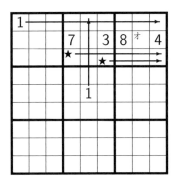 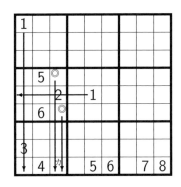

図 3.1　考え方 4　いずれにしても理論（出典：『数独通信 Vol.26』，p.5．一部改変）

図 3.2　考え方 5　予約（出典：『数独通信 Vol.26』，p.5）

■考え方 5　予約

　図 3.2 に例を示す．上段左の正方形ブロックで，数字 1 と 2 が入るセルは，★をつけた二つのみ．つまり，**これらのセルには，1 か 2 が入ることが予約されたことになる**．その結果，これらのセルには，他の数字が入らないことになり，3 行 1 列（キ）に 5 が入ることが確定する．9 行目も同様で，1 と 2 が入りうるセルは◎のセルのみ．これらのセルには，他の数字は入らないので，6 が入るセルは 9 行 4 列（ク）のみとなり，このセルの値が確定する．

■考え方 6　井桁理論

　図 3.3 に例を示す．1 列目で数字 1 が入るセルは，2 行目の△か 9 行目の▲のどちらか．9 列目も同様に，数字 1 が入るセルは，2 行目の▲か，9 行目の△のどちらか．このことから，数字 1 は二つの△に入るか，あるいは，二つの▲に入るかのいずれかとなる．この結果，2 行目および 9 行目の他のセルには，数字 1 が入らないことがわかる．下段中央の正方形ブロックにおいて，

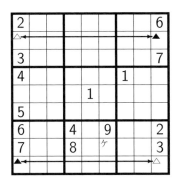

図 3.3 考え方 6　井桁理論（出典：『数独通信 Vol.26』, p.5）

この事実を使えば，（ケ）に数字 1 が入ることが確定する．

これらの考え方は，いずれも「あるセルにある数字が入らないことを明らかにする」ルールである．この点が，これまでの考え方（ブロッケン，レッツミー，マスミ）とは異なる．つまり，ルール R1 や R2 の系統のルールではなく，どちらかというと，ルール R0 の系統である．次節からは，上級ルールをどのように実現すればよいか，一つずつ考える．

3.2 問題 60: いずれにしても理論

『数独通信 Vol.26』に掲載されている問題のうち，前章で実装した基本ルール (R0, R1, R2) だけで解けない最初の問題は，問題 60 である．この問題の初期配置と進めなくなる状況を図 3.4 に示す．この問題では，1 行 1 列に 2 が入り，9 行 9 列に 1 が入ったところで，基本ルールが適用できる場所がなくなる．

ここで，「いずれにしても理論」が使える．上段左の正方形ブロックに着目しよう．このブロックで，数字 1 を入れることができるのは，★をつけた二つのセル，すなわち，2 行 1 列か，2 行 3 列である．いずれにしても 2 行目のセルであるから，2 行目の他のセルには数字 1 が入らない．この結果，上段右の正方形ブロックにおいて，数字 1 が入るセルは 3 行 7 列（ア）のみとなり，このセルの値が確定する．

上記の説明で，「この結果」以降の部分は，実はルール R1 (single_cell) でカバーされる．つまり，「いずれにしても理論」の本質は，その前の部分，

		5				6		
					2		7	
9		3		4				8
					3		1	
		8				9		
	2		6					
6				8		5		3
	1		9					
		4				7		

2		5				6		
★		★			2		7	
9		3			4	ア		8
					3		1	
		8				9		
	2		6					
6				8		5		3
	1		9					
		4				7		1

図 3.4　問題 60 の初期配置と進まなくなる状況（出典：『数独通信 Vol.26』，p.41）

つまり，「いずれにしても 2 行目のセルであるから，2 行目の他のセルには，数字 1 が入らない」の部分である．これをどのようにルール化すればよいだろうか．

「いずれにしても理論」には，二つのブロックが関与している．この例では，上段左の正方形ブロック (B_s) と 2 行目の行ブロック (B_t) である．これを，次のように解きほぐそう．

1. ブロック B_s （この例では上段左の正方形ブロック）において，数字 x（この例では数字 1）が入るセル集合を求める．これは，$pc(B_s, x)$ である．
2. セル集合 $pc(B_s, x)$ が，ブロック B_s と別のブロック B_t （この例では 2 行目の行ブロック） との重なり部分にすっぽり収まる．この重なり部分は積集合なので，$pc(B_s, x) \subseteq (B_s \cap B_t)$ と書ける．ここまでがルールの条件部となる．
3. このとき，ブロック B_t からこの重なり部分を除いた部分，すなわち，$B_t - (B_s \cap B_t)$ に属するセルは，数字 x は入らないことが確定する．

これらを整理すると，ルールは次のようになる．

$$\begin{aligned}\textbf{R3}\quad & B_s, B_t \in \mathcal{G}_B,\ B_s \neq B_t,\ \mathrm{pc}(B_s, x) \subseteq (B_s \cap B_t) \\ & \Longrightarrow\quad (B_t - (B_s \cap B_t)) \downarrow x\end{aligned} \tag{3.1}$$

ここまで整理できたならば，実装を始めよう．まず，ブロック B_s において，条件を満たす他のブロック B_t を見つけるメソッドを定義する．当然のことながら，クラス Block のメソッドである．

```
def covered_block (x) # 数字 x を代入できるセル集合を覆うことができるブロック
  possible_cells(x).collect{|c| c.block}.inject(:&).select{|b| b != self}
end
```

　数字 x が代入できるセル集合は，`possible_cells(x)` で求めることができる．このセル集合を部分集合とするブロックを探せばよいわけだが，27 個のブロックに対してそれぞれチェックするのは，いささか馬鹿げている．それぞれのセルは，自分が所属している三つのブロックを知っているので，それを使って計算すればよい．具体的には，`possible_cells(x)` に含まれるそれぞれのセルに対して，所属するブロック（それぞれ三つある）を求め，その積集合，つまり，それらのセルすべてに共通するブロックを求めればよい．ただし，このメソッドを実行するブロック自身 (`self`) は必ず共通するので，それを除く必要がある．なお，このメソッドは，ルールの条件を満たすようなブロックがあった場合は，それを要素とするリストを，なかった場合は，空のリストを返す．

　あとは，まだ代入していない数字集合（`free_numbers`）に属する，それぞれの数字に対して試せばよい．このルール R3 は，プログラムの中では `single_block` と名付ける．

```
def find_single_block ()
  # ある数字 x を代入できるセル集合を覆う他のブロックを探す
  # (そのような数字とブロックの組を探す)
  free_numbers().collect{|x|
    b = covered_block(x)
    ( b.length == 1 ? Rule.new(:single_block, b[0], x, self).effective? : nil )
  }.compact
end
```

　ここで一つ注意が必要．条件を満たす数字とブロックの組が見つかると，ルールが適用できるわけだが，実際にルールを適用する前に，その適用に効果があるか——すなわち，いずれかのセルの状態を変えるかどうか——を，確認する必要がある．
　セルに数字を代入するルール R1 や R2 は，「数字の代入」により，必ずセルの状態を変える．しかし，あるセル集合にある数字が入らないことを明らかにするルール R3 は，すでに他の方法でその事実が判明している場合は，新

たな情報をもたらさず，効果がない（つまり，セルの状態を変えない）．それゆえ，適用できる場所が見つかった段階で，効果があるかどうかをチェックする必要があるのである．これをサボると，同じルールを何度も適用することになり，トップレベルのループで，無限ループに陥ることになる．

このチェックを実現するために，クラス Rule にメソッド effective? を定義する．それにあわせて，メソッド apply を一部変更する．

```ruby
def effective? () # シミュレーションを実行し，グリッドの状態を変えるかどうか調べる
  apply(true) ? self : nil
end

def apply (simulation=nil)
  case @spec[0]
  when :single_number, :single_cell
    @spec[1].send(@spec[0], *@spec[2..-1])
  when :single_block
    args = @spec[2..-1]+[simulation]
    @spec[1].send(@spec[0], *args)
  end
end
```

実際に，single_block の条件部を実行するメソッドは，クラス Block に定義する．このメソッドは，引数によって，状態が変化するかどうかをチェックする（シミュレーションを行う）か，あるいは，実際に状態を書き換えるかを選択できるようにする．

```ruby
# ルールの実行
def single_block (x, except, simulation=nil)
  # 数字 x は，ブロック except に所属しないセルには入らない
  if simulation # 実行すれば，状態は変わるか？
    empty_cells().find{|c| !c.in?(except) && c.possible?(x)}
  else          # 実際に実行する！
    empty_cells().each do |c|
      c.cannot_assign(x) unless c.in?(except)
    end
  end
end
```

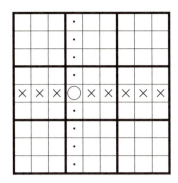 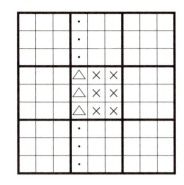

図 3.5　R0 と R3 の関係

以上の変更にあわせて，細かいところをちょこちょこ直す必要があるが，大筋はこれでおしまい．ということで，問題 60 を解いてみよう．

```
..5..6..  .....2.7.  9.3.4...8  .....3.1.  ..8...9..  .2.6.....  6...8.5.3  .1.9.....  ..4...7..
245718639  186392475  973546128  459873216  368421957  721659384  692187543  517934862  834265791
```

よし，解けた．第一関門はクリアである．

3.3　R3 と R0 の関係

前節で，ルール R3 の適用において，二つのブロックが関与すると述べた．これらの二つのブロックのうち，どちらか一方は正方形ブロックであり，もう一方は行ブロックか列ブロックである．同じタイプのブロック間には重なる部分がないため，残された組合せは，行ブロックと列ブロックの場合である．この場合はどうなっているのだろうか．

このことを考えるには，図 3.5 のような図を書いてみるのがよい．行ブロックと列ブロックの重なり部分はセル一つである．この部分にある数字が入ることが確定するということは，あるセルの数字が確定するということである．当然のことながら，このセルが属する行と列の他の部分には，その数字は入らなくなる．これは，ルール R0 そのものである（左側の図）．

一方，正方形ブロックと列ブロックの場合は，重なる部分がセル三つである．ある数字が重なり部分に入ることが確定すれば，その重なり部分を除く部分には，その数字は入らないことが確定する．これがルール R3 である（右

```
9 1 . . . 3 . 7 6
. . 8 6 7 . 1 . .
7 4 6 1 . . . 3 .
2 . 4 . . 1 7 6 .
8 9 . 7 6 2 . 4 1
6 7 1 . . . . 8 2
1 8 . . . 6 . 9 7
. . . 7 . 1 . 6 .
4 6 9 3 . 7 . 1 8
```

図 3.6　問題 64 の途中の状況（出典：『数独通信 Vol.26』, p.45）

側の図).

以上の説明から想像できるように，R0 と R3 は，次のようにまとめられる.

> ある数字が，二つのブロックの重なり部分（積集合）のいずれかのセルに入ることが確定したならば，二つのブロックにおいて，その重なり部分以外には，その数字は入らない（ことが確定する）.

つまり，R0 と R3 は，一般化すれば同じルールであり，その違いは，重なり部分のサイズなのである.

3.4　問題64: 予約

ルール R3 の実装により，『数独通信 Vol.26』の問題 60–63, 65–68, 74–76, 81–82 が解けるようになる．この段階で解けない最初の問題は問題 64．進まなくなる状況を図 3.6 に示す．ここで，「予約」の出番なのだが，わかるだろうか．

下段中央の正方形ブロックに着目する．このブロックにおいて，数字 8 と 9 が入るセルは，8 行 4 列と 8 行 6 列のみ．つまり，これら二つのセルは，これら二つの数字で予約され，他の数字は入らないことが確定するのである．次に，8 行目に着目すると，数字 4 が入るセルは，8 行 9 列のセルのみ．つまり，ここが確定する．

上記の説明で「次に」以降の部分は，ルール R1 でカバーされる．つまり，「予約」の本質は，「このブロックにおいて，数字 8 と 9 が入るセルは，8 行

4 列と 8 行 6 列のみ．つまり，これら二つのセルは，これら二つの数字で予約され，他の数字は入らないことが確定する」の部分である．

「予約」には，一つのブロックしか関与しない．すなわち，ブロック B において，

1. 数字 x が入るセル集合のサイズは 2 である．これは，$pc(B, x) = \{c_i, c_j\}$ と書ける．
2. 数字 y が入るセル集合は，上記の集合と等しい．すなわち，$pc(B, x) = pc(B, y) = \{c_i, c_j\}$．ここまでが，ルールの条件部となる．
3. このとき，セル c_i とセル c_j には，x と y 以外の数字は入らないことが確定する．これを，$pc(B, x) \downarrow (\mathcal{N} - \{x, y\})$ と書くことにする．この記法は，これまでの記法 $C \downarrow x$（セル集合 C に属するすべてのセルに数字 x が入らない）を拡張して $C \downarrow X$ としたもので，セル集合 C に属するすべてのセルには，数字集合 X に属する数字が入らないことを意味するものである．なお，$\mathcal{N}$ は，すでに述べたように，数字 1 から 9 を要素とする集合である．

以上を整理すると，ルール R4 となる．

$$\textbf{R4} \quad B \in \mathcal{G}_B,\ x, y \in \mathcal{N},\ pc(B, x) = pc(B, y) = \{c_i, c_j\} \\ \implies\ pc(B, x) \downarrow (\mathcal{N} - \{x, y\}) \tag{3.2}$$

ここまで整理して，プログラムを作る．まず，クラス Block に，ルールが適用できる場所を見つけるメソッドを定義する．このルールは，`reserve_2_cells` と名付ける．

```
def find_reserve_2_cells ()
  # pc(B, x)=pc(B, y)={ c_i, c_j } なる数字 x と y の組とセル c_i, c_j の組を見つける
  free_numbers().combination(2).collect{|x, y|
    xpc = possible_cells(x) # 数字 x を入れることができるセル集合
    ypc = possible_cells(y) # 数字 y を入れることができるセル集合
    if ( xpc.length == 2 && ypc.length == 2 && (xpc - ypc).empty? )
      Rule.new(:reserve_2_cells, xpc, [x, y], self).effective?
    else
      nil
    end
  }.compact
```

```
end
```

なお，ここで用いた combination は，この節の最後で補足する．

次に，クラス Rule のメソッド apply を，:resereve_2_cells を処理できるように修正する．ルール :reserve_2_cells の実行部は，二つのセルの状態を書き換えるので，クラス Rule のメソッドとして実装する．

```
def apply (simulation=nil)
  case @spec[0]
  when :single_number, :single_cell
    @spec[1].send(@spec[0], *@spec[2..-1])
  when :single_block
    args = @spec[2..-1]+[simulation]
    @spec[1].send(@spec[0], *args)
  when :reserve_2_cells
    args = @spec+[simulation]
    self.send(*args)
  end
end

def reserve_2_cells (cells, numbers, block, simulation=nil)
  if simulation
    cells.find{|c| c.cannot_assign_except(numbers, simulation)}
  else
    cells.each do |c|
      c.cannot_assign_except(numbers) # numbers 以外は代入できない
    end
  end
end
```

このプログラムが呼び出す c.cannot_assign_except(numbers) は，セル c に，numbers 以外の数字を代入できないことを伝えるもので，シミュレーションの場合は，それによってセルの状態が変わるかどうかを返すようにする．具体的には，クラス Cell に対して，次のようなプログラムを書けばよい．

```
def cannot_assign_except (numbers, simulation=nil) # numbers 以外の数字は代入できない
  if simulation
```

```
    !( @possible - ( @possible & numbers ) ).empty?
  else
    @possible = @possible & numbers
  end
end
```

これで準備は整った．では，問題 64 を解いてみよう．

```
9....3..6 ..8.7.1.. .4.1...3. 2.....7.. .9..6..4. ..1.....2 .8...6.9. ..7.1.6.. 4..3....8
912583476 538674129 746129835 254891763 893762541 671435982 185246397 327918654 469357218
```

これもクリアできた．しめしめ．

さきほど保留にしたメソッド combination は，リストの要素から n 個を取り出したあらゆる組合せのリストを作る．以下に，実行例を示す．この例では，4 個から 2 個取り出すので，$4 \times 3 \div 2 = 6$ 通りの組合せがある．

```
irb(main):001:0> [1,2,3,4].combination(2)
=> #<Enumerator: [1, 2, 3, 4]:combination(2)>
irb(main):002:0> [1,2,3,4].combination(2).to_a
=> [[1, 2], [1, 3], [1, 4], [2, 3], [2, 4], [3, 4]]
```

メソッド combination 自身は，Enumerator オブジェクトを返す．each や collect などはそのまま呼べるが，結果をリストとして欲しい場合は，to_a が必要である．この説明がわからないのであれば，Ruby の Enumerator がわかっていない証拠である．Ruby の教科書を読み返そう．

3.5　問題 87: 予約の続き

ルール R4 の実装により，問題 86 まで解けるようになった．つまり，Hard ☆☆まではクリアである．さらに，その先の問題 88 と問題 92 も解ける．しかしながら，Hard ☆☆☆には，まだ，解けない問題が残っている．最初に引っかかるのは，問題 87 である．進めなくなる状況を図 3.7 に示す．むむむ，これは手強いぞ．

プログラムを-v オプションで動かして，実行状況をトレースしてみる．

図 3.7　問題 87 の初期配置と進めなくなる状況（出典：『数独通信 Vol.26』，p.57）

```
[Step 01] 2; single_cell C-1-6 2 square-2
[Step 02] 1; single_number C-7-8 6
[Step 03] 1; single_number C-7-6 9
[Step 04] 3; single_cell C-9-2 9 square-7
[Step 05] 1; single_number C-7-2 8
[Step 06] 1; single_number C-3-2 7
[Step 07] 3; single_cell C-5-1 7 square-4
[Step 08] 1; single_number C-2-2 6
[Step 09] 5; single_block row-1 8 square-1
[Step 10] 4; single_block column-4 5 square-2
[Step 11] 2; single_block column-4 7 square-2
[Step 12] 4; reserve_2_cells C-1-4,C-2-4 5,7 square-2
[Step 13] 2; reserve_2_cells C-8-6,C-9-6 5,7 square-8
[Step 14] 1; single_cell C-9-4 6 square-8
[Step 15] 1; single_block column-5 1 square-8
[Step 16] 1; single_number C-1-5 9
[Step 17] 5; single_cell C-3-8 9 square-3
[Step 18] 6; single_cell C-4-4 9 square-5
[Step 19] 3; single_cell C-5-7 9 square-6
[Step 20] 1; reserve_2_cells C-1-7,C-6-7 1,6 column-7
```

　上記のようなトレースができるのは，ルールを一つずつ適用しているからである．たとえば，ステップ 01 では，1 行 6 列 (C-1-6) に 2 を入れているが，これは，上段中央の正方形 (squire-2) で 2 の入るセルが一つしかない (single_cell) ことによる．ルールを一つずつ適用すれば，このように，1 ステップずつ，プログラムが数独をどう解いていったかを追いかけることがで

	4		5,7	9	2	1,6		
9	6	1	5,7		3			
2	7	5		6		3	9	
	3		9	5		7		
7			2		4	9		
		9		7		1,6	8	
	8	7		2	9	5	6	1
			8		5,7	4		9
	9		6		5,7		3	

図 3.8　問題 87（出典：『数独通信 Vol.26』，p.57）

きるのである．2.6 節で述べた基本構造を選んだ理由は，このためである．

さて，このトレースを眺めてみると，なんと，予約 (`reserve_2_cells`) が 3 回も呼ばれている．この情報をグリッドに書き入れよう（図 3.8）．さあ，これならばわかるだろうか．ヒントは 6 行 6 列のセルに着目である．

6 行 6 列のセルに代入することができる数字は 1 か 6 である．なぜなら，6 列目のブロックに着目すると，使える数字として残っているのは，1 と 6 と 8 であるが，6 行 6 列に 8 は入らないからである．一方，6 行 7 列のセルは，すでに 7 列目のブロックにより，数字 1 と 6 で予約されている．ということは，6 行目において，数字 1 と 6 は，6 行 6 列と 6 行 7 列に入るということであり，この行のそれ以外のセルには，この二つの数字は入らないことが確定する（この結果，4 列目のブロックで数字 1 が入るセルは 3 行 4 列のセルだけになり，このセルに数字 1 が入ることが確定する）．

これは，先ほどの予約と同じかというと，少し違う．何が違うかというと，セルが予約されるのではなく，**数字が予約される**のである．このことを理解するために，2 章の最後に示したセルと数字の対応付けの表を思い出そう．

表 3.1 は，セルが予約される状況を表している．この例の場合，数字 1 が入るセルは c_2 と c_6 であり（△と▲），数字 6 が入るセルも c_2 と c_6 である（▲と△）．このとき，二つのセル c_2 と c_6 は数字 1 と 6 で予約され，他の数字は入らないことが確定する．すなわち，表の「・」部分がすべて「×」となる．

一方，表 3.2 は，数字が予約される状況を表している．この例の場合，セル c_2 に入る数字は 1 と 6 であり，セル c_6 に入る数字も 1 と 6 である．このとき，二つの数字 1 と 6 は，セル c_2 と c_6 で予約され，他のセルには入らないことが確定する．そして，表の「・」部分がすべて「×」となる．ニコリ

表 3.1 セルの予約

	1	2	3	4	5	6	7	8	9
c_1	×					×			
c_2	△	·	·	·	·	▲	·	·	·
c_3	×					×			
c_4	×					×			
c_5	×					×			
c_6	▲	·	·	·	·	△	·	·	·
c_7	×					×			
c_8	×					×			
c_9	×					×			

表 3.2 数字の予約

	1	2	3	4	5	6	7	8	9
c_1	·					·			
c_2	△	×	×	×	×	▲	×	×	×
c_3	·					·			
c_4	·					·			
c_5	·					·			
c_6	▲	×	×	×	×	△	×	×	×
c_7	·					·			
c_8	·					·			
c_9	·					·			

の解き方には明示的に書かれていないが，このように「数字を予約するルール」があるのである．

このルールは，次のように書ける．

$$\text{R5} \quad c_i, c_j \in B,\ x, y \in N,\ pn(c_i) = pn(c_j) = \{x, y\} \\ \implies (B - \{c_i, c_j\}) \downarrow \{x, y\} \tag{3.3}$$

このルール R5 をプログラム化しよう．これは，ある特定のブロックに対するルールであるから，クラス Block のメソッドにする．先ほどの find_reserve_2_cells と似たような構造になる．ルールの名前は，reserve_2_numbers とする．

3.5 問題 87: 予約の続き

```
def find_reserve_2_numbers ()
  # pn(c_i) = pn(c_j) = { x, y } なるセル c_i, c_j の組と数字 x と y の組を見つける
  empty_cells().combination(2).collect{|ci, cj|
    cin = ci.possible_numbers() # セル c_i に入れることができる数字集合
    cjn = cj.possible_numbers() # セル c_j に入れることができる数字集合
    if ( cin.length == 2 && cjn.length == 2 && (cin - cjn).empty? )
      Rule.new(:reserve_2_numbers, cin, [ci, cj], self).effective?
    else
      nil
    end
  }.compact
end
```

ルールの実行部も，クラス Block のメソッドとするのが適切である．

```
def reserve_2_numbers (numbers, except, simulation=nil)
  if simulation
    (@cell - except).find{|c| !( c.possible & numbers ).empty?}
  else
    (@cell - except).each do |c|
      numbers.each do |x|
        c.cannot_assign(x)
      end
    end
  end
end
```

あとは，クラス Rule のメソッド apply を変更する．

```
def apply (simulation=nil)
  case @spec[0]
  when :single_number, :single_cell
    @spec[1].send(@spec[0], *@spec[2..-1])
  when :single_block
    args = @spec[2..-1]+[simulation]
    @spec[1].send(@spec[0], *args)
  when :reserve_2_cells
    args = @spec+[simulation]
```

```
      self.send(*args)
    when :reserve_2_numbers
      args = @spec[0, 3]+[simulation]
      @spec[3].send(*args)
    end
  end
end
```

これで，問題 87 が解けるはずだ．

```
.4.......  9.1..3...  2.5.6.3..  .3..5.7..  ...2.4...  ..9.7..8.  ..7.2.5.1  ...8..4.9  .......3.
843792156  961543827  275168394  138956742  756284913  429371685  387429561  612835479  594617238
```

よし．OK．

3.6　R4, R5 と R0 の関係

先に進む前に，ちょっと休憩．予約 (R4, R5) と R0 の関係を明確にしておこう．

セルの予約の表（表 3.1）と数字の予約の表（表 3.2）から，すでに予想されるように，二つの予約ルール R4 と R5 は，R0 の拡張となっている．このことは，表 3.3 を書いてみれば，はっきりする．

ルール R0 が適用される状況は 2 種類ある．ルール R1（そのブロックにおいて，その数字が入るセルは一つのみ）によってセルの数字が定まった後と，ルール R2（そのセルに入る数字は一つのみ）によってセルの数字が定まった後である．いずれの場合も，数字が入るセル（○）が決まると，「・」はすべて「×」になる．

前者の拡張がセルの予約である．セルの予約は，「二つの数字が入る場所が 2 か所（二つのセル）に限定される場合」に適用できるが，これは，「一つの数字が入る場所が 1 か所に限定される場合」の拡張になっているのは，明らかである．

後者の拡張が数字の予約である．数字の予約は，「二つのセルに入る数字が 2 種類に限定される場合」に適用できるが，これは，「一つのセルに入る数字が 1 種類に限定される場合」の拡張になっている．

ということは，予約される個数は 2 ではなく 3 の場合もありうると予想される．つまり，三つのセルが予約される場合，あるいは，三つの数字が予約

表 3.3 R0 と R4, R5 の関係

R0（R1 の直後）

	1	2	3	4	5	6	7	8	9
c_1						×			
c_2	·	·	·	·	·	○	·	·	·
c_3						×			
c_4						×			
c_5						×			
c_6						×			
c_7						×			
c_8						×			
c_9						×			

R0（R2 の直後）

	1	2	3	4	5	6	7	8	9
c_1						·			
c_2	×	×	×	×	×	○	×	×	×
c_3						·			
c_4						·			
c_5						·			
c_6						·			
c_7						·			
c_8						·			
c_9						·			

R4（セルの予約）

	1	2	3	4	5	6	7	8	9
c_1	×					×			
c_2	△	·	·	·	·	△	·	·	·
c_3	×					×			
c_4	×					×			
c_5	×					×			
c_6	△	·	·	·	·	△	·	·	·
c_7	×					×			
c_8	×					×			
c_9	×					×			

R5（数字の予約）

	1	2	3	4	5	6	7	8	9
c_1	·					·			
c_2	△	×	×	×	×	△	×	×	×
c_3	·					·			
c_4	·					·			
c_5	·					·			
c_6	△	×	×	×	×	△	×	×	×
c_7	·					·			
c_8	·					·			
c_9	·					·			

```
2 8       5
  3 1   2 9
4   7 2 1 3 6 8
    2 3 4
    3 6   7 9   2
    9   8 2 3
  1 5 2 7 6 4 3
  2 6     7
3 7 4     8 2 9
```

図 3.9 問題 91 の進めなくなった状況（出典：『数独通信 Vol.26』, p.59）

される場合も考えられる．

3.7 問題91: 予約の続きの続き

ここまで作ったところで，残りの問題を解いてみると，解けないのは問題 91 と問題 94 の 2 問．ゴールが見えてきた．

図 3.9 に，問題 91 の進めなくなった状況を示す．うーん．やはり，予約の 3 が必要だ．すなわち，4 列目のブロックに着目すると，

1. 数字 3 が入るセルは，1 行 4 列と 8 行 4 列の二つのセル．
2. 数字 7 が入るセルは，1 行 4 列と 2 行 4 列の二つのセル．
3. 数字 8 が入るセルは，2 行 4 列と 8 行 4 列の二つのセル．

以上により，これら三つのセルは，数字 3, 7, 8 で予約されることになる．その結果，6 行 4 列のセルが数字 4 に確定する．

セルと数字の割り当て表を書いてみると，表 3.4 のようになる．これがルール R4 の拡張であることは，容易に理解できる．この表の「？」のところは，「×」でも「△」でもよい．要は，三つのセルに入る数字が 3 種類に限定されれば，このルールが適用できる．

セルを予約するルールは，一般的には，次のように書ける．

> あるブロックにおいて，$n \, (\geq 2)$ 個のセルに入る数字が n 種類に限定されるとき，それらのセルには，他の数字は入らない．

3.7 問題91: 予約の続きの続き

表 3.4 三つのセルの予約

	1	2	3	4	5	6	7	8	9
c_1	.	.	△	.	.	.	△	?	.
c_2	.	.	?	.	.	.	△	△	.
c_3			×				×	×	
c_4			×				×	×	
c_5			×				×	×	
c_6			×				×	×	
c_7			×				×	×	
c_8	.	.	△	.	.	.	?	△	.
c_9			×				×	×	

当然，数字を予約するルールも，一般化できるはずである．

あるブロックにおいて，$n\ (\geq 2)$ 種類の数字を入れることができるセルが n 個に限定されるとき，それらの数字は，そのブロックの他のセルには入らない．

これらのルールをプログラム化することはたやすい．

```ruby
def find_reserve_n_cells (n)
  free_numbers().combination(n).collect{|numbers|
    pc = numbers.collect{|x| possible_cells(x)}.inject(:|)
    if pc.length == n
      Rule.new(:reserve_n_cells, n, pc, numbers, self).effective?
    else
      nil
    end
  }.compact
end

def find_reserve_n_numbers (n)
  empty_cells().combination(n).collect{|cells|
    pn = cells.collect{|c| c.possible_numbers()}.inject(:|)
    if pn.length == n
      Rule.new(:reserve_n_numbers, n, pn, cells, self).effective?
    else
      nil
```

```
      end
    }.compact
  end

  def reserve_n_numbers (n, numbers, except, simulation=nil)
    if simulation
      (@cell - except).find{|c| !( c.possible & numbers ).empty?}
    else
      (@cell - except).each do |c|
        numbers.each do |x|
          c.cannot_assign(x)
        end
      end
    end
  end
end
```

先ほどと同じように，メソッド reserve_n_cells は，クラス Rule のメソッドとする．メソッド reserve_2_cells を，ちょっと変更するだけでいい．

```
def reserve_n_cells (n, cells, numbers, block, simulation=nil)
  if simulation
    cells.find{|c| c.cannot_assign_except(numbers, simulation)}
  else
    cells.each do |c|
      c.cannot_assign_except(numbers) # numbers 以外は代入できない
    end
  end
end
```

あとは，これらのルールが呼べるように，メソッド apply を修正する．その後に問題 91 を解くと，

```
2.8....5. .3....2. 4....1.6. ....3.4.. ...6.7... ..9.8.... .1.2....3 ..6....7. .7....8.9
298763154 631845297 457921368 782539416 543617982 169482735 915278643 826394571 374156829
```

解けた．

6			4	8		5		
	4			6				2
		8			7			
9			6			2		4
	5			4			1	
		4		9	8	5		3
			9	3	4	1	2	7
4				8	7	6	3	9	5
7	3	9			1			8

図 **3.10** 問題 94 の進めなくなった状況（出典：『数独通信 Vol.26』, p.60）

3.8 問題 94: 井桁理論

最後に残ったのが問題 94 である．これを解くためには，井桁理論が必要となる．図 3.10 に，進めなくなった状況を示す．

ここで，まず，1 行目の行ブロックに注目しよう．この行で 3 を入れることができるセルは，1 行 3 列と 1 行 6 列．次に，4 行目の行ブロックに注目しよう．この行で 3 を入れることができるセルは，4 行 3 列と 4 行 6 列．ということで，井桁が成立し，3 列目と 6 列目の他のセルには数字 3 が入らないことが確定する（この結果，5 行 6 列に数字 2 が入ることが確定する）．

このルールには，四つのブロックが関与する．

1. ブロック B_1 において，数字 x が代入できるセルは，c_1 と c_2 である．
2. ブロック B_2 において，数字 x が代入できるセルは，c_3 と c_4 である．
3. セル c_1 と c_3 は，ブロック B_3 に含まれる．
4. セル c_2 と c_4 は，ブロック B_4 に含まれる．
5. このとき，ブロック B_3 の他のセル $(B_3 - \{c_1, c_3\})$，および，ブロック B_4 の他のセル $(B_4 - \{c_2, c_4\})$ には，数字 x が入らないことが確定する．

これを形式的に書き下すと，次のようになる．

$$
\begin{aligned}
\textbf{R8} \quad & B_1, B_2, B_3, B_4 \in \mathcal{G}_b,\ B_i \neq B_j (i \neq j),\ x \in \mathcal{N}, \\
& \mathrm{pc}(x, B_1) = \{c_1, c_2\},\ \mathrm{pc}(x, B_2) = \{c_3, c_4\},\ c_k \neq c_l (k \neq l) \\
& \{c_1, c_3\} \subset B_3,\ \{c_2, c_4\} \subset B_4, \\
& \implies ((B_3 - \{c_1, c_3\}) \cup (B_4 - \{c_2, c_4\})) \downarrow x
\end{aligned} \quad (3.4)
$$

プログラムは，少々面倒である．まず，クラス Grid に，条件を満たすものを見つけるメソッドを定義する．数字を一つ固定して (x)，その数字が入る場所が 2 か所であるブロックを求め，それらの組 (a, b) を作る．これが，B_1 と B_2 に対応する．その組に対して，条件を満たす二つのブロック B_3 と B_4 が存在すれば，ルール R8 の条件部が満たされたことになる．

```
def find_igeta_2 ()
  (1..9).collect{|x| find_igeta_2_sub(@block, x)}.flatten
end

def find_igeta_2_sub (block, x)
  block.collect{|b|
    [b, b.possible_cells(x)]}.select{|y|
      y[1].length == 2}.combination(2).collect{|a, b|
    if ( a[1] - b[1] ).empty?
      nil
    elsif( (b3 = common_block(a[1][0], b[1][0])) &&
           (b4 = common_block(a[1][1], b[1][1])) )
      Rule.new(:igeta_2, x, [a[0], b[0]], [b3, b4], a[1]+b[1]).effective?
    elsif( (b3 = common_block(a[1][0], b[1][1])) &&
           (b4 = common_block(a[1][1], b[1][0])) )
      Rule.new(:igeta_2, x, [a[0], b[0]], [b3, b4], a[1]+b[1]).effective?
    else
      nil
    end}.compact
end

def common_block (c1, c2)
  ( ( c1 != c2 && !(b = ( c1.block & c2.block )).empty? ) ?
    b[0] : nil )
end
```

もう少し考えれば，もっとスマートな解決策がありそうだが (次章で示す)，まずは，力ずくのこのプログラムでよしとしよう．

ルールの実行部は，複数のブロックにまたがるので，クラス Rule のメソッドとする．

```
def igeta_2 (x, b12, b34, cells, simulation=nil)
  if simulation
    b34.find{|b| b.cannot_assign(x, b12, simulation)}
  else
    b34.each do |b|
      b.cannot_assign(x, b12)
    end
  end
end
```

ここで使用する `cannot_assign` は，クラス Block に対するものなので，新たにこれを定義する．このメソッドは，このブロックに属するセルに，数字 x が入らないことを伝えるものである．ただし，第 2 引数の except（ブロックのリスト）の要素であるブロックに属するセルは，この限りではない．

```
def cannot_assign (x, except, simulation=nil)
  if simulation
    empty_cells().find{|c| (c.block & except).empty? && c.possible.member?(x)}
  else
    empty_cells().each do |c|
      if (c.block & except).empty?
        c.cannot_assign(x)
      end
    end
  end
end
```

あとは，ちょこちょこと関連するところを直す．

```
6..4...5. .4..6...2 ..8..7... 9..6..2.. .5..4..1. ..4..8..3 ...9..1.. 4...7..9. .3...1..8
623489751 147365982 598217436 981653274 356742819 274198563 865934127 412876395 739521648
```

ふう，これで『数独通信 Vol.26』の 9×9 の数独は，完全制覇だ．やったね．

3.9　理解と汎化

　この章では，三つの上級ルールを実装した．ルール自身は最初に三つとも眺めたが，実装は一つずつ行ったことに気がついただろうか．

　一般に，プログラミングでは，少しずつ作ることが必要である．少しずつ作り，確かめ，デバッグする．この作業なしに，大きなプログラムを作ることはできない．これは，AIプログラミングに限らず，一般のプログラミングでも同様である．

　特に，AIプログラミングでは，最初から完全な解き方がわかっていることはまれである．たとえば，解くべき問題が100問あると，最初はほとんど解けないのが普通である．AIシステムの作成過程のほとんどは，解けない問題を一つずつつぶし，解ける問題を少しずつ増やしていく作業である．本章で行ったことは，まさにこの作業である．

　実際に，それぞれの上級ルールに対して行ったことは，次のようなことである．

1. 解けない問題（具体例）を観察し，ルール（解き方）を考える．
2. ルールを形式的に記述する．このとき，観察した具体例だけに適用できればよいと考えずに，できるだけ一般的に書き下す．
3. ルールをプログラムとして実装する．
4. プログラムが正しく動作することを確認する．
5. 新しいルールを他のルールと関連付けて理解する．
6. 必要であれば，新しいルールを拡張する．

　ここでのポイントは，ステップ2とステップ5である．

　解けない問題があったとき，その問題のみを解けるようにすることは，多くの場合，それほど難しくない．そう考えるのではなく，解けない問題があったとき，それと同じタイプの問題がすべて解けるような方法を考えることが重要である．解き方を形式的・抽象的に記述するのは，思考を，そのような方向に強制的にドライブ（駆動）させるためである．

　人間は，少数の具体例から，その背後にある規則性を見つける能力に長けている．これを汎化能力という．この能力を使わない手はない．

　ステップ5は，一度理解したルールを，もう一度理解し直すという作業である．プログラムを作っているときは，とにかく「解くこと・動かすこと」に

注力しているので，それ以外のことに注意が回らない．しかし，「解けた・動いた」とき，そこでおしまいにしないことが重要である．これまでのルール（解き方）と何が違い，どこが共通しているのか．それまでにわかっていたことと関連付けることにより，新たな発見が得られることも多い．セルが予約されることがあるならば，数字が予約されることもあるだろう．二つのセルが予約されることがあるならば，三つのセルが予約されることもあるかもしれない．AIプログラマーは，そのような想像力・汎化能力を最大限活用することが求められる．

3.10　プログラムリスト

最後に，この章で作ったプログラムの最終形を示す．

```ruby
#!/usr/local/bin/ruby -E utf-8
# -*- coding: utf-8 -*-
#
# 数独ソルバー（基本ルール+上級ルール）by Satoshi Sato, 2014

module Sudoku

  class Cell

    attr_reader :id, :val, :possible, :block

    def initialize (id, val)
      @id = id        # ID: 0-80
      @val = val      # 確定した値
      @possible = ( val ? [] : (1..9).to_a ) # 割り当て可能な値 (リスト)
      @block = []     # 所属するブロック (0=row, 1=column, 2=square)
    end

    def external_form () # 表示用
      "C-#{id/9+1}-#{id%9+1}"
    end

    def set_block (block) # 所属するブロックを記憶する
```

```ruby
    case block.type
    when :row    then @block[0] = block
    when :column then @block[1] = block
    when :square then @block[2] = block
    end
  end

  def in? (block) # このセルは block に所属するか？
    @block.member?(block)
  end

  # セルの状態を調べる
  def empty? () # まだ値が代入されていないか？
    !@val
  end

  def possible_numbers () # 代入可能な値のリスト
    @possible
  end

  def possible? (x)
    @possible.member?(x)
  end

  def connected_cells () # 関連するセル集合
    @block.collect{|b| b.cell}.inject(:|) - [self]
  end

  def connected_empty_cells () # 関連するセル集合（未代入のみ）
    connected_cells().select{|c| c.empty?}
  end

  # ルールが適用できるかどうか調べる
  def find_single_number ()
    ( @possible.length == 1 ?
      Rule.new(:single_number, self, @possible[0]) : nil )
  end

  # セルの状態を変更する
```

```ruby
  def assign (x) # 実際に値 x を割り当てる
    @possible = []
    @val      = x
  end

  def cannot_assign (x) # 値 x は代入できない
    @possible = @possible - [x]
  end

  def cannot_assign_except (numbers, simulation=nil) # numbers 以外の数字は代入できない
    if simulation
      !( @possible - ( @possible & numbers ) ).empty?
    else
      @possible = @possible & numbers
    end
  end

  # ルールを適用し、セルの状態を変更する
  def propagate ()      # <R0> このセルの値は、数字@val と確定した
    connected_empty_cells().each do |c| # このセルと関連する (未代入の) セルに
      c.cannot_assign(@val)             # 数字@val が入らないことを知らせる
    end
  end

  def single_cell (x, block) # <R1> block において、数字 x が入るセルは、このセルのみ
    assign(x)           # ==> (1) 数字 x を代入する
    propagate()         #     (2) 関連するセルに数字 x が代入できないことを知らせる
  end

  def single_number (x) # <R2> このセルには、数字 x しか入らない
    assign(x)           # ==> (1) 数字 x を代入する
    propagate()         #     (2) 関連するセルに数字 x が代入できないことを知らせる
  end

end

class Block

  attr_reader :type, :id, :cell
```

```ruby
def initialize (type, id, cell)
  @type = type   # :row, :column, or :square
  @id   = id     # 0-8
  @cell = cell   # nine cells

  @cell.each do |c| # ブロックに含まれるセルに、所属情報を伝える
    c.set_block(self)
  end
end

def external_form () # 表示用
  "#{@type.to_s}-#{@id+1}"
end

# ブロックの状態を調べる
def empty_cells ()    # このブロックにおいて、まだ値が確定していないセル集合
  @cell.select{|c| c.empty?}
end

def possible_cells (x) # このブロックにおいて、数字 x を入れることができるセル集合
  empty_cells().select{|s| s.possible.member?(x)}
end

def assigned_numbers () # このブロックにおいて、すでに割り当てられている数字集合
  @cell.select{|c| c.val}.collect{|c| c.val}
end

def free_numbers ()    # このブロックにおいて、まだ割り当てられていない数字集合
  (1..9).to_a - self.assigned_numbers
end

# ルールが適用できるかどうか調べる
def find_single_cell () # 「ある数字 x が代入できるセルは一つである」ものを見つける
  free_numbers().collect{|x|
    ( (pc = possible_cells(x)).length == 1 ?
      Rule.new(:single_cell, pc[0], x, self) : nil )
  }.compact
end
```

```ruby
def covered_block (x) # 数字 x を代入できるセル集合をカバーする他のブロック
  pb = possible_cells(x).collect{|c| c.block}.inject(:&).select{|b| b != self}
  ( pb.length == 1 ? pb[0] : nil )
end

def find_single_block ()
  # ある数字 x を代入できるセル集合をカバーする他のブロック b を探す
  # (そのような数字とブロックの組を探す)
  free_numbers().collect{|x|
    ( ( b = covered_block(x) ) ?
      Rule.new(:single_block, b, x, self).effective? : nil )
  }.compact
end

# ルールの実行
def single_block (x, except, simulation=nil)
  # 数字 x は、ブロック except に所属しないセルには入らない
  if simulation # 実行すれば、状態は変わるか？
    self.empty_cells.find{|c| !c.in?(except) && c.possible?(x)}
  else          # 実際に実行する！
    self.empty_cells.each do |c|
      c.cannot_assign(x) unless c.in?(except)
    end
  end
end

def find_reserve_2_cells ()
  # pc(B, x) = pc(B, y) = { c_i, c_j } なる数字 x と y の組とセル c_i, c_j の組を見つける
  free_numbers().combination(2).collect{|x, y|
    xpc = possible_cells(x) # 数字 x を入れることができるセル集合
    ypc = possible_cells(y) # 数字 y を入れることができるセル集合
    if ( xpc.length == 2 && ypc.length == 2 && (xpc - ypc).empty? )
      Rule.new(:reserve_2_cells, xpc, [x, y], self).effective?
    else
      nil
    end
  }.compact
end
```

```ruby
def find_reserve_n_cells (n)
  free_numbers().combination(n).collect{|numbers|
    pc = numbers.collect{|x| possible_cells(x)}.inject(:|)
    if pc.length == n
      Rule.new(:reserve_n_cells, n, pc, numbers, self).effective?
    else
      nil
    end
  }.compact
end

def find_reserve_2_numbers ()
  # pn(c_i) = pn(c_j) = { x, y } なるセル c_i, c_j の組と数字 x と y の組を見つける
  empty_cells().combination(2).collect{|ci, cj|
    cin = ci.possible_numbers() # セル c_i に入れることができる数字集合
    cjn = cj.possible_numbers() # セル c_j に入れることができる数字集合
    if ( cin.length == 2 && cjn.length == 2 && (cin - cjn).empty? )
      Rule.new(:reserve_2_numbers, cin, [ci, cj], self).effective?
    else
      nil
    end
  }.compact
end

def find_reserve_n_numbers (n)
  empty_cells().combination(n).collect{|cells|
    pn = cells.collect{|c| c.possible_numbers()}.inject(:|)
    if pn.length == n
      Rule.new(:reserve_n_numbers, n, pn, cells, self).effective?
    else
      nil
    end
  }.compact
end

def reserve_n_numbers (n, numbers, except, simulation=nil)
  if simulation
    (@cell - except).find{|c| !( c.possible & numbers ).empty?}
```

```ruby
      else
        (@cell - except).each do |c|
          numbers.each do |x|
            c.cannot_assign(x)
          end
        end
      end
    end

    def reserve_2_numbers (numbers, except, simulation=nil)
      if simulation
        (@cell - except).find{|c| !( c.possible & numbers ).empty?}
      else
        (@cell - except).each do |c|
          numbers.each do |x|
            c.cannot_assign(x)
          end
        end
      end
    end

    def cannot_assign (x, except, simulation=nil)
      if simulation
        empty_cells().find{|c| (c.block & except).empty? && c.possible.member?(x)}
      else
        empty_cells().each do |c|
          if (c.block & except).empty?
            c.cannot_assign(x)
          end
        end
      end
    end

end

class Rule

  def initialize (*args)
    @spec = args
```

```ruby
    end

    def effective? ()  # シミュレーションを実行し、状態を変えるかどうか調べる
      apply(true) ? self : nil
    end

    def apply (simulation=nil)
      case @spec[0]
      when :single_number, :single_cell
        @spec[1].send(@spec[0], *@spec[2..-1])
      when :single_block
        args = @spec[2..-1]+[simulation]
        @spec[1].send(@spec[0], *args)
      when :reserve_2_cells, :reserve_n_cells
        args = @spec+[simulation]
        self.send(*args)
      when :reserve_2_numbers
        args = @spec[0, 3]+[simulation]
        @spec[3].send(*args)
      when :reserve_n_numbers
        args = @spec[0, 4]+[simulation]
        @spec[4].send(*args)
      when :igeta_2
        args = @spec+[simulation]
        self.send(*args)
      end
    end

    def external_form ()  # 表示用
      case @spec[0]
      when :single_number
        [@spec[0], @spec[1].external_form, @spec[2]].join(" ")
      when :single_cell, :single_block
        [@spec[0], @spec[1].external_form, @spec[2],
          @spec[3].external_form].join(" ")
      when :reserve_2_cells
        [@spec[0], @spec[1].collect{|c| c.external_form}.join(","),
          @spec[2].join(","),
          @spec[3].external_form].join(" ")
```

```
      when :reserve_n_cells
        [@spec[0], @spec[1], @spec[2].collect{|c| c.external_form}.join(","),
        @spec[3].join(","),
        @spec[4].external_form].join(" ")
      when :reserve_2_numbers
        [@spec[0], @spec[1].join(","),
        @spec[2].collect{|c| c.external_form}.join(","),
        @spec[3].external_form].join(" ")
      when :reserve_n_numbers
        [@spec[0], @spec[1], @spec[2].join(","),
        @spec[3].collect{|c| c.external_form}.join(","),
        @spec[4].external_form].join(" ")
      when :igeta_2
        [@spec[0], @spec[1], @spec[2].collect{|c| c.external_form}.join(","),
        @spec[3].collect{|c| c.external_form}.join(","),
        @spec[4].collect{|c| c.external_form}.join(",")].join(" ")
    end
  end

  def reserve_n_cells (n, cells, numbers, block, simulation=nil)
    if simulation
      cells.find{|c| c.cannot_assign_except(numbers, simulation)}
    else
      cells.each do |c|
        c.cannot_assign_except(numbers) # numbers 以外は代入できない
      end
    end
  end

  def reserve_2_cells (cells, numbers, block, simulation=nil)
    if simulation
      cells.find{|c| c.cannot_assign_except(numbers, simulation)}
    else
      cells.each do |c|
        c.cannot_assign_except(numbers) # numbers 以外は代入できない
      end
    end
  end
```

```ruby
    def igeta_2 (x, b12, b34, cells, simulation=nil)
      if simulation
        b34.find{|b| b.cannot_assign(x, b12, simulation)}
      else
        b34.each do |b|
          b.cannot_assign(x, b12)
        end
      end
    end

end

class Grid

  def cell_id (i, j) # i行j列のセル番号 (i:0-8, j:0-8, id:0-80)
    i * 9 + j
  end

  def initialize (string)
    # セルの作成
    @cell = string.split(//).enum_for(:each_with_index).collect{|x, i|
      Cell.new(i, ( x =~ /^[1-9]$/ ? x.to_i : nil ) ) }

    # ブロックの作成
    @row    = (0..8).collect{|i| Block.new(:row, i, @cell[9*i, 9])}
    @column = (0..8).collect{|i|
      Block.new(:column, i, (0..8).collect{|j| @cell[cell_id(j, i)]})}
    @square = (0..8).collect{|i|
      Block.new(:square, i,
                (0..8).collect{|j| @cell[cell_id(3*(i/3)+j/3, 3*(i%3)+j%3)]})}
    @block = @square + @row + @column
  end

  # 初期配置情報の伝播
  def initial_propagate ()
    @cell.each do |c|
      c.propagate() if c.val
    end
  end
```

```ruby
# 適用できるルールを探す
def find_applicable_rules (rules) # rules = [:single_cell, :single_number]
  rules.each do |rule|
    applicable = find_applicable_rule_instances(rule)
    if !applicable.empty?
      return applicable
    end
  end
  []
end

def find_applicable_rule_instances (rule)
  case rule
  when :single_number
    @cell.collect{|c| c.find_single_number}.compact
  when :single_cell
    @block.collect{|b| b.find_single_cell}.flatten
  when :single_block
    @block.collect{|b| b.find_single_block}.flatten
  when :reserve_2_cells
    @block.collect{|b| b.find_reserve_n_cells(2)}.flatten
  when :reserve_3_cells
    @block.collect{|b| b.find_reserve_n_cells(3)}.flatten
  when :reserve_2_numbers
    @block.collect{|b| b.find_reserve_n_numbers(2)}.flatten
  when :reserve_3_numbers
    @block.collect{|b| b.find_reserve_n_numbers(3)}.flatten
  when :igeta_2
    self.find_igeta_2()
  else
    raise("#{rule} is not implemented")
  end
end

# ソルバー本体
def solve (rules, verbose=nil)
  self.initial_propagate # 初期配置情報の伝播
  step = 0
```

```ruby
    while (!self.solved?) do
      ar = find_applicable_rules(rules) # 適用できるルールとその場所を探す
      break if ar.empty?                # 存在しない(解けなかった) => 終了
      printf("[Step %02d] %2d; %s\n",
             step+=1, ar.length, ar[0].external_form) if verbose # 表示
      ar[0].apply                       # ルールを実際に適用する
    end
    self.solved?                        # 最終的に解けたか?
  end

  def solved? () # 解けたか?
    !@cell.find{|c| c.empty?}
  end

  def show_result (pad=' ') # 結果の表示
    print((0..8).collect{|i|
           @cell[9*i, 9].collect{|c| c.val||'.'}.join('')}.join(pad), "\n")
  end

  def find_igeta_2 ()
    (1..9).collect{|x| find_igeta_2_sub(@block, x)}.flatten
  end

  def find_igeta_2_sub (block, x)
    block.collect{|b|
      [b, b.possible_cells(x)]}.select{|y|
      y[1].length == 2}.combination(2).collect{|a, b|
      if ( a[1] - b[1] ).empty?
        nil
      elsif ( (b3 = common_block(a[1][0], b[1][0])) &&
              (b4 = common_block(a[1][1], b[1][1])) )
        Rule.new(:igeta_2, x, [a[0], b[0]], [b3, b4], a[1]+b[1]).effective?
      elsif ( (b3 = common_block(a[1][0], b[1][1])) &&
              (b4 = common_block(a[1][1], b[1][0])) )
        Rule.new(:igeta_2, x, [a[0], b[0]], [b3, b4], a[1]+b[1]).effective?
      else
        nil
      end}.compact
```

```
      end

      def common_block (c1, c2)
        ( ( c1 != c2 && !(b = ( c1.block & c2.block )).empty? ) ?
          b[0] : nil )
      end

    end
  end

require 'optparse'
param = ARGV.getopts('vr:')
verbose = param['v']  # 表示モード

Rules = [:single_cell, :single_number, :single_block,
         :reserve_2_cells, :reserve_2_numbers,
         :reserve_3_cells, :reserve_3_numbers,
         :igeta_2]
rules = ( !param['r'] ? Rules : Rules[0, param['r'].to_i] )

ARGF.each do |line|
  line.chomp!
  next if line =~ /^\s*$/  # 空行はスキップ
  print line, "\n"

  q = line.split(/\t/)[0]  # tab 以降はコメント
  grid = Sudoku::Grid.new(q.gsub(/\s/, ''))
  grid.solve(rules, verbose)
  grid.show_result()
end
```

> **column**
>
> ■対象とする問題のクラス
>
> 　最近，機械学習 (machine learning) や深層学習 (deep learning) という言葉が巷（ちまた）をにぎわせている．機械学習によってコンピュータが学習能力を身につければ，人間ががんばって問題を解く方法を考えなくても，コンピュータが考えてくれるんじゃないか，と思われるかもしれない．確かに，「コンピュータが人間並みの万能な学習能力を身につければ」そうなるかもしれない．しかし，そのようなことが実現できる技術的見通しは，まだ立っていない．
>
> 表 3.5　対象とする問題のクラス
>
> | | パズルソルバー | 国語ソルバー |
> | --- | --- | --- |
> | Class 0 | ある特定の数独の問題 1 問 | 2015 年のセンター試験「国語」 |
> | Class 1 | ニコリの数独の問題すべて | センター試験「国語」 |
> | Class 2 | ニコリのパズルすべて | 大学入試「国語」 |
> | Class 3 | 今後発表される新しいパズルを含む，すべてのニコリパズル | 新型大学入試の「国語」 |
>
> 　ここでの議論に必要なのは，対象とする問題のクラスである（表 3.5）．ここでの「クラス」とは，「どのくらいの範囲の問題を対象とするか」に相当する．一番小さいクラス (Class 0) は，インスタンス，すなわち，一つの具体例である．たとえば，数独では，ある特定の一つの数独の問題のみを対象とする．特定の数独の問題を解くソルバーを作ることはたやすい．その問題の答えを仕込んでおけばおしまいである．同様に，2015 年実施のセンター試験「国語」を解くソルバーも簡単に作れる．
>
> 　次に，もう少し広いクラス (Class 1) を考える．たとえば，数独では，「ニコリの数独の問題すべて」を対象とする．このクラスの問題を解くソルバーの作成の難易度は，問題集合のサイズ（有限か無限）と答えが既知・未知であるかに大きく依存する．対象とする問題がどれほど多くても，数が有限で答えが既知であれば，すべての問題の答えを仕込んでおけばおしまいである．センター試験「国語」の過去問すべては，数が有限で答えが既知であるから，この方法で，パーフェクトなソルバーを作ることができる．
>
> 　対象問題に答えが未知の問題が含まれる場合は，状況が一変する．なぜならば，答えそのものを仕込んでおくという方法は使えず，なにかし

ら，新しい問題に対して答えを導く機械的な方法が必要となるからである．センター試験は，少なくともあと何回かは実施される予定であるから，それらの問題が解けないと，センター試験ソルバーができたとは言えない．AI システムが対象とする問題クラスは，通常，このクラスであることが多い．

実はもっと広い範囲の問題クラスを考えることができる．たとえば，ニコリの『パズル通信ニコリ』にこれまで載った全種類のパズルのすべて．あるいは，全大学の入試「国語」の問題のすべて．この範囲になると，まず，やる気がしない．一つの AI システムが対象とする問題クラスを大きく超えてしまっているというのが，標準的な判断である．

そして，もっと広い範囲の問題クラスもある．たとえば，ニコリが今後発表するパズルを含む，すべてのニコリパズル．このクラスの問題を解くためには，新しいパズルのルール（制約条件）の説明を読んだだけで，そのパズルを解けるようになるシステムが必要である．無理だ．そんなシステムは，当面，実現できそうもない．しかしながら，人間が持つ汎用の学習能力は，この問題クラスを楽々と解くのである．

一番広い範囲の問題クラスが解ければ，それより狭い範囲の問題はすべて解ける．「コンピュータが人間並みの万能な学習能力を身につければ」といったのは，「このクラスの問題が解ければ」を意味する．

今，機械学習が対象としている問題クラスは，上記の説明の 2 番目に狭い範囲 (Class 1) である．このクラスの問題を解くソルバーを作るために，解き方そのものをプログラムとして埋め込むのではなく，大量の具体例からうまい解き方を見つける方法をプログラムしておく．おー，それは確かにすごい．便利だ．しかし，それには多くの制限がある．ちなみに，数独ソルバーを機械学習で作ったという話は聞いたことがない．現在の機械学習は，万能でも汎用でもないのである．

第4章

激辛数独を解く

ニコリは，上級者向けの数独として，『激辛数独』シリーズを刊行している．我々の作成したソルバーは，『激辛数独』に掲載されている数独の問題をすべて解くことができるであろうか．

4.1 激辛数独に挑戦

ということで，『激辛数独 Vol.15』に挑戦しよう．表 4.1 に，数独通信と激辛数独の難易度の対応表を示す．激辛数独の最高峰は難易度 H10+ である．

表 4.1 問題の難易度

数独通信 Vol.26			激辛数独 15	
難易度		問題番号	難易度	問題番号
Easy	☆	1–6	E1	
	☆☆	7–14	E2	
	☆☆☆	15–20	E3	
Medium	☆	21–33	M4	
	☆☆	34–48	M5	
	☆☆☆	49–60	M6	1–5
Hard	☆	61–72	H7	6–25
	☆☆	73–86	H8	26–40
			H8+	41–52
	☆☆☆	87–94	H9	53–64
			H9+	65–76
			H10	77–91
			H10+	92–105

	5	1	2		9	7		8
	3					2		5
2			5				4	
		3			8			9
	9			2			7	
5			6	9		3		
	8	5			6	2		1
		6					5	
3			9			6		

図 4.1　問題 93 で進めなくなる状況（出典：『激辛数独 Vol.15』，p.100）

図 4.2　数字 8 の入る場所（関係する部分のみ）

　念のため，難易度 H10 の問題 77 以降の問題を，すべて解いてみよう．H10 の問題 77–91 はすべて解ける．よしよし．しかしながら，H10+ には解けない問題がある．具体的には，問題 93, 97, 98, 100, 103 の 5 問である．

　まずは，問題 93 から見ていこう．進めなくなる状況を図 4.1 に示す．これは手強いぞ．ヒントは，3 行目，6 行目，9 行目である．

　答えは次のとおり．

- 3 行目で数字 8 が入る場所は，3 行 3 列，3 行 5 列のどちらか．
- 6 行目で数字 8 が入る場所は，6 行 3 列，6 行 8 列のどちらか．
- 9 行目で数字 8 が入る場所は，9 行 5 列，9 行 8 列のどちらか．
- つまり，これら 3 行に数字 8 を入れると，どんな入れ方であっても，3 列目，5 列目，8 列目には数字 8 が入った状態になる．つまり，これらの列の他のセルには，数字 8 が入らないことが確定する（図 4.2）．

これは井桁理論の拡張である．つまり，井桁理論では，二つの行と二つの列が関与するが，上記の解法では，三つの行と三つの列が関与する．言うなれば「田んぼ理論」である．ということで，`igeta_2` を `igeta_n` に拡張しよう．

プログラムの作成では，発想を 180 度転換する．上記の例では，n 個の行ブロックと n 個の列ブロックが関与する．行ブロックで条件が満たされた場合に，列ブロックで新たな情報が得られるので，これを，「行ブロック → 列ブロック」タイプの井桁と考えると，井桁のタイプは 6 種類考えられる．そのタイプごとに探すという戦略をとる．

「行ブロック → 列ブロック」タイプの井桁 n を探す場合は，まず，ある数字 x を固定して，その数字が入るセルが n 個以下の行を探す．そのような行の n 個の組を作り，数字 x が入るセルが属している列の数が，ちょうど n 個だったならば，ルールが適用できる場所が見つかったことになる．

プログラムは，次のようになる．

```ruby
def find_igeta_n (n)
  ( find_igeta_sub(n, :row, [:column, :square]) +
    find_igeta_sub(n, :column, [:row, :square]) +
    find_igeta_sub(n, :square, [:row, :column]) )
end

def find_igeta_sub (n, from, tos)
  (1..9).collect{|x| find_igeta_sub2(x, n, from, tos)}.flatten
end

def find_igeta_sub2 (x, n, from, tos)
  out = []
  # x がフリーで，置ける場所が n か所以下の，あるタイプ (from) のブロックを探す
  # そのようなブロックの n 個の組を作る
  self.send(from).select{|b|
    ( b.free_number?(x) &&
      ( b.possible_cells(x).length <= n )) }.combination(n).each do |bs|
    tos.each do |to|
      # 別タイプ (to) のブロック n 個で，x が置けるセルをすべてカバーできるのであれば
      if (os = bs.collect{|b| b.possible_cells(x).collect{|c|
          c.send(to)}}.flatten.uniq).length == n
        if r = Rule.new(:igeta_n, n, x, bs, os).effective?
          out << r
```

```
        end
      end
    end
  end
  out
end
```

このプログラムであれば，万が一，$n = 4$ の井桁が必要となった場合でも対応できる．

ルールの実行部も，これにあわせて修正する．

```
def igeta_n (n, x, b12, b34, simulation=nil)
  if simulation
    b34.find{|b| b.cannot_assign(x, b12, simulation)}
  else
    b34.each do |b|
      b.cannot_assign(x, b12)
    end
  end
end
```

あとは，`find_applicable_rule_instances` を修正すればよい．

```
def find_applicable_rule_instances (rule)
  case rule
  when :single_number
    @cell.collect{|c| c.find_single_number}.compact
  when :single_cell
    @block.collect{|b| b.find_single_cell}.flatten
  when :single_block
    @block.collect{|b| b.find_single_block}.flatten
  when :reserve_2_cells
    @block.collect{|b| b.find_reserve_n_cells(2)}.flatten
  when :reserve_3_cells
    @block.collect{|b| b.find_reserve_n_cells(3)}.flatten
  when :reserve_2_numbers
    @block.collect{|b| b.find_reserve_n_numbers(2)}.flatten
  when :reserve_3_numbers
```

```
        @block.collect{|b| b.find_reserve_n_numbers(3)}.flatten
    when :igeta_2
      self.find_igeta_n(2)
    when :igeta_3
      self.find_igeta_n(3)
    else
      raise("#{rule} is not implemented")
    end
  end
```

このプログラムから推測できるように，トップレベルで指定するルールは，以下に示すように，:itega_2や:igeta_3のようにする．というのは，解くプログラムは同一であっても，人間にとっての難易度は，:itega_2と:igeta_3では，格段に異なるからである．

```
Rules = [:single_cell, :single_number, :single_block,
         :reserve_2_cells, :reserve_2_numbers,
         :reserve_3_cells, :reserve_3_numbers,
         :igeta_2, :igeta_3]
```

最後に，これらに合わせて細部を修正すると，解けるはずである．

```
..1..9..8 .3....2.. 2..5...4. ..3..8..9 .9..2..7. 5..6..3.. .8...2..1 ..6....5. 3..9..6..
451239768 837146295 269587143 623478519 194325876 578691324 985762431 746813952 312954687
```

よし，解けた．残りの4問も試すと，あっさりと解けてしまった．ということで，『激辛数独 Vol.15』も完全制覇．

4.2 井桁理論と R0, R3

ところで，図 4.2 を見ると，どこかで似たような図を見たような気がする．そう，図 3.5 である．井桁理論も，R0 や R3 と関係しているようだ．

これらの関係は，図 4.3 を書いてみるとはっきりする．やはり，井桁理論は，R0 の拡張である．原理的には，正方形と列（または行）に対する井桁も存在する．たとえば，上段中央のブロックで，ある数字が入る場所が 4 列目

4 激辛数独を解く

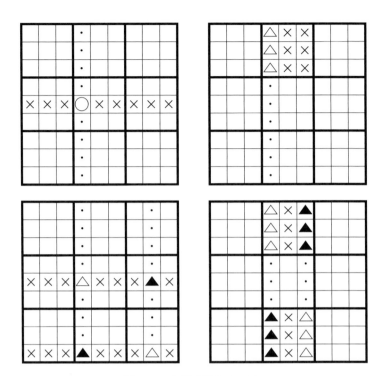

図 4.3 井桁理論と R0, R3

か 6 列目に限定され，下段中央のブロックでも同様であれば，中段中央のブロックでは，4 列目と 6 列目には，その数字は入らない（右下図）．むむ，ということは，`find_igeta_sub2` は，少々条件がきつすぎたということだ．

```
def find_igeta_sub2 (x, n, from, tos)
  out = []
  # x がフリーの，あるタイプ (from) のブロックを探す
  # そのようなブロックの n 個の組を作る
  self.send(from).select{|b| b.free_number?(x) }.combination(n).each do |bs|
    tos.each do |to|
      # 別タイプ (to) のブロック n 個で，x が置けるセルをすべてカバーできるのであれば，
      if (os = bs.collect{|b| b.possible_cells(x).collect{|c|
          c.send(to)}}.flatten.uniq).length == n
        if r = Rule.new(:igeta_n, n, x, bs, os).effective?
          out << r
        end
      end
```

```
            end
          end
        end
      out
    end
```

実は，正方形と列（または行）に対する井桁に，私はまだ遭遇したことはない．原理的にありえても，問題が作れない可能性もある．

4.3 ルールと難易度

ところで，難易度 H10 や H10+ の問題を解くためには，どんなルールが何回ぐらい使われているのだろうか．これを調べておこう．

作成したソルバーは，優先順位（変数 Rule の順番）に従って，やさしいルールを優先して適用する．つまり，R1 が適用できる場合は，必ず R1 を適用し，R1 が適用できない場合に限って，R2 が適用できるかどうか調べるのである．このような制御構造を採用しているため，ソルバーが実際に問題を解くために使用するルールは，人間が解く場合とかなり近いのではないかと予想される．

表 4.2 に，各問題を解くためにどのルールが何回適用されたかを示す．この表の A 欄は，上級ルールの適用回数である．H10, H10+ となると，かなりの回数，上級ルールを適用しないと解けない問題であることがわかる．この表から気がつくことは次のとおり．

- $n=3$ の井桁理論 (R9) は，H10+ にしか現れない．
- $n=3$ の数字の予約 (R7) は，この問題セットには現れない．
- 数字の予約 (R5,R7) と比較すると，セルの予約 (R4,R6) のほうがよく使われる．
- H10+ では，H10 と比較して，井桁理論 (R8,R9) の使用頻度が高い．

2.10 節で述べたように，ニコリが採用している Medium (M6) と Hard (H7) の分類基準はかなりはっきりしている．これに対して，Hard 内のより細かい基準は，問題に対する総合的判断に基づくものと予想される．

表 4.2 H10, H10+ を解くために使用されたルールの回数

#	問題番号		A	上級ルールの適用回数
F	初期状態で配置される数字の数		R3	いずれにしても理論
S	問題を解くために必要なステップ数		R4	セルの予約 (二つのセル)
	(S = B + A)		R5	数字の予約 (二つの数字)
B	基本ルールの適用回数		R6	セルの予約 (三つのセル)
	(B = 81 − F)		R7	数字の予約 (三つの数字)
R1	唯一のセル		R8	井桁理論 (二つの数字)
R2	唯一の数字		R9	井桁理論 (三つの数字)

#	F	S	B	R1	R2	A	R3	R4	R5	R6	R7	R8	R9
77	27	60	54	54	0	6	2	1	2	0	0	1	0
78	26	61	55	55	0	6	3	2	0	0	0	1	0
79	24	67	57	52	5	10	6	3	0	1	0	0	0
80	24	72	57	54	3	15	10	3	1	1	0	0	0
81	24	67	57	55	2	10	6	2	0	1	0	1	0
82	22	74	59	59	0	15	8	7	0	0	0	0	0
83	20	78	61	58	3	17	12	4	0	1	0	0	0
84	24	70	57	54	3	13	9	3	1	0	0	0	0
85	24	63	57	57	0	6	0	1	3	0	0	2	0
86	25	70	56	48	8	14	12	1	1	0	0	0	0
87	24	66	57	52	5	9	4	3	1	1	0	0	0
88	23	73	58	55	3	15	9	4	1	1	0	0	0
89	20	76	61	55	6	15	11	2	0	2	0	0	0
90	24	74	57	54	3	17	11	5	1	0	0	0	0
91	24	71	57	52	5	14	8	4	1	1	0	0	0
92	24	65	57	56	1	8	4	2	0	0	0	2	0
93	25	59	56	53	3	3	1	1	0	0	0	0	1
94	20	68	61	60	1	7	2	4	0	0	0	1	0
95	24	70	57	56	1	13	8	3	1	1	0	0	0
96	24	70	57	54	3	13	8	3	0	0	0	2	0
97	24	70	57	57	0	13	8	3	0	1	0	0	1
98	20	69	61	60	1	8	1	1	1	1	0	3	1
99	22	63	59	59	0	4	1	1	0	2	0	0	0
100	26	63	55	55	0	8	4	0	0	1	0	1	2
101	24	68	57	52	5	11	5	4	0	0	0	2	0
102	20	85	61	57	4	24	12	11	1	0	0	0	0
103	24	67	57	55	2	10	5	3	0	0	0	1	1
104	22	73	59	59	0	14	8	3	0	1	0	2	0
105	24	71	57	57	0	14	7	0	5	1	0	1	0

4.4 パーフェクトなソルバー

『激辛数独 Vol.15』を撃破したということは，数独の完全制覇を意味するのであろうか．結論から先に言えば，ノーである．

数独の問題に対して，次のようなクラス（種類）を考えることができる．

1. 解（制約を満たす最終局面）が存在する問題
   (a) 解が一つだけ存在する問題
      i. 解が試行錯誤なしに，論理的に導ける問題 ★
      ii. 解を導くのに試行錯誤が必要な問題
   (b) 解が二つ以上存在する問題
2. 解が存在しない問題

数独の問題に解が存在するかどうかは，2章で作成したソルバーで機械的に確かめることができる．同様に，解が一つだけ存在するか，あるいは，二つ以上存在するかどうかも，2章で作成したソルバーを少しだけ変更することによって，機械的に確かめることができる．しかしながら，解が論理的に導けるか，あるいは，試行錯誤が必要かどうかは，私の知る限り，機械的に確かめる方法はない．というより，そもそも，この境界は，いささか曖昧なのである．

「試行錯誤が必要」という意味は，おおよそ次のようなことを意味する．

> あるセル c に，とりあえず，ある数字 x を入れてみる．その先，何ステップか進めると，制約条件を満たす方法がなくなる（矛盾が起きる）．それゆえ，セル c には数字 x が入らないことがわかる．

ここで，「何ステップか進めると」の部分が曖昧である．これをすべて頭の中で瞬時にできれば，試行錯誤ではなくなる．実際，R0 は，1 ステップの試行錯誤を先取りしていると見なすこともできる．

ニコリの数独の問題は，すべて「解が試行錯誤なしに，論理的に導ける問題」（★印）であり，それを人間がチェックしていると説明している．ということは，おそらく，問題を解くために使用してよいルールのセットを定めているのだと推察する．このルールセットをすべてプログラムとして実装すれば，ニコリの数独の完全制覇が達成できるが，ニコリに就職でもしない限り，それを確かめる術はない．

```
+---+---+---+---+---+---+---+---+---+
| 4 |   | 5 | 8 | 6 |   | 2 |   | 3 |
|   | 3 | 2 | 4 |   | 5 |   | 6 |   |
|   | 6 |   |   | 3 |   | 5 |   | 4 |
|   | 1 |   |   |   |   |   | 5 |   |
| 2 |   | 3 |   | 8 |   | 7 |   | 6 |
|   | 4 |   |   |   |   |   | 8 |   |
| 9 |   | 6 |   | 2 |   |   |   |   |
|   | 2 |   | 6 |   | 8 |   | 3 |   |
| 3 |   | 4 |   | 7 |   | 6 | 2 |   |
+---+---+---+---+---+---+---+---+---+
```

図 4.4　問題 104 の進めなくなる状況（出典：『激辛数独 Vol.17』, p.111）

ということで，新たな『激辛数独』が発売されるごとに，実際に解けるかどうかを確かめ続けるしかない．

なお，「数独」は株式会社ニコリの登録商標なので，他社は「ナンバープレイス」あるいは「ナンプレ」という名称を使用している．たとえば，『西尾徹也の世界で一番美しくて難しいナンプレ 4』の上級ナンプレ解法理論で説明されている「ペアの不在証明 (p.10)」と「浜田ロジック (p.12)」は，本書で扱った上級ルールではカバーされない．

4.5　ふたたび，激辛数独に挑戦

色気を出さず，我々は，ニコリの数独にターゲットを絞ろう．このソルバーを作った後，『激辛数独 Vol.16』と『激辛数独 Vol.17』が出版された[1]．まず『激辛数独 Vol.17』の H10+ を解いてみよう．

[1] 2016 年 8 月現在, Vol.19 まで出版されている．

■『激辛数独 Vol.17』

『激辛数独 Vol.17』の H10+ は，問題 87 から問題 105 の 19 問．あれ，『Vol.15』より問題数が増えている．悪い予感．

あちゃー．問題 104 と 105 が解けない．図 4.4 に進まなくなる状況を示す．もしかして，$n = 4$ の予約や井桁理論が必要なのかな．試してみると，ビンゴ．その部分のトレースを以下に示す．

	1	2	3		7			5
3	9	8		4	5	6	7	
9	3	1	8	5	2	7		
					6	5	9	
5	8	3	7	1	4			
1					9	4	5	
		9	5					7

図 **4.5**　問題 105 の途中の状況（出典：『激辛数独 Vol.17』，p.112）

```
[Step 20] 1; reserve_n_cells 4 C-4-4,C-4-6,C-6-4,C-6-6 2,3,6,7 square-5
[Step 21] 2; igeta_n 2 4 row-4,row-8 column-5,column-7
[Step 22] 2; igeta_n 4 9 row-2,row-4,row-6,row-8 column-5,column-7,column-9,
           column-3
[Step 23] 1; single_cell C-1-2 9 square-1
```

これを解読すると，次のようになる．

- 中段中央の正方形 (sqaure_5) において，4 行 4 列，4 行 6 列，6 行 4 列，6 行 6 列の四つのセルが，2,3,6,7 の四つの数字で予約される．これらのセルには，他の数字は入らない．
- 4 行目と 8 行目で，4 が入る場所は，5 列目と 7 列目．これらの列の他のセルには，4 は入らない（実は，このルール適用はなくても次に進める）．
- 2 行目，4 行目，6 行目，8 行目において，9 が入る場所は，3 列目，5 列目，7 列目，9 列目．これらの列の他のセルには，9 は入らない．つまり，3 行 3 列には，9 は入らない．
- それゆえ，上段左の正方形において，9 が入る場所は，1 行 2 列に定まる．

セル予約の 4 と井桁理論の 4 の連続ですか．参りました．ソルバーがなければ，解けなかったでしょう．

引き続き問題 105．前章のソルバーでは，Step 28 ストップ（図 4.5）．しかし，$n = 4$ の予約を追加したので，解くことができる．

```
[Step 26] 1; reserve_n_cells 2 C-8-4,C-9-5 2,6 square-8
[Step 27] 2; igeta_n 2 1 row-3,row-6 column-4,column-9
[Step 28] 1; igeta_n 2 3 row-6,row-8 column-5,column-9
[Step 29] 1; reserve_n_numbers 4 1,3,2,8 C-5-6,C-5-7,C-5-8,C-5-9 row-5
[Step 30] 2; single_cell C-6-1 8 square-4
```

ほー．こちらは，四つの数字の予約である．5行目で，1,2,3,8の四つの数字が6列，7列，8列，9列で予約されたので，それ以外のセルに8は入らない．ということで，中段左の正方形で8が入る場所は，6行1列のセルのみとなる．

以上，n の数は増えたが，新しいタイプのルールの使用は見られなかった．

■ 『激辛数独 Vol.16』

一つ前の『激辛数独 Vol.16』はどうか．こちらも試してみた．H10+は，問題87から問題105の19問．ふむ．『Vol.16』からH10+の問題数が増えていたんだ．

前章のソルバーで解けないのは，問題99と101．修正したソルバーを用いることにより，問題99を解くには井桁理論の4，問題101を解くには数字予約の4があればよいことがわかった．

4.6 激辛数独は難しかったか

本章では，3冊の激辛数独に挑戦した．3章で作成したソルバーの一部に手を入れる必要はあったが，要は，n が大きな予約と井桁理論に対応しただけで，大した苦労はなかったと言える．

それはなぜか．それは，3章において，ルールについて十二分に理解を深めておいたからである．予約に関しては，すでに3章において $n=3$ の場合が出現していたため，$n=4$ の場合がありえることを，高い確率で予想できた．井桁理論もよくよく考えれば，これもある種の予約なので，同じような拡張があり得ることが予想できる．個々のルール（解き方）を表層的なレベルで理解しただけで満足せず，抽象的レベルで他のルールと関連付けて理解することにより，未知のルールの存在を予想することができるようになる．3.9節で理解と汎化の重要性について述べたが，再度，その重要性を確認してほしい．

表 4.3　数独のルール（解法）のまとめ

#	説明	名称
R0	セル c に数字 x が入ると，セル c が所属する三つのブロックの他のセルには，x は入らない．	
R1	あるブロックにおいて，ある数字が入るセルが1か所しかなければ，その数字はそのセルに入る	ブロッケン，レッツミー (hidden single)
R2	あるセルにおいて，ある数字以外の数字が入らないのであれば，その数字はそのセルに入る	マスミ (naked single)
R3	あるブロックにおいて，数字 x が入る場所が別のブロック B との重なり部分に限定されるとき，ブロック B において，その重なり部分以外の場所に数字 x は入らない．	いずれにせよ理論 (locked candidate)
R4,R6,R10	あるブロックにおいて，$n(\geq 2)$ 個のセルに入る数字が n 種類に限定されるとき，それらのセルに他の数字は入らない．	（セルの）予約 (hidden subset)
R5,R7,R11	あるブロックにおいて，$n(\geq 2)$ 種類の数字を入れることができるセルが n 個に限定されるとき，それらの数字は，そのブロックの他のセルには入らない．	（数字の）予約 (naked subset)
R8,R9,R12	$n(\geq 2)$ 個の同種のブロックにおいて，ある数字 x を入れることができるセルが，別種の n 個のブロックで覆われるとき，それらのブロック間の重なり部分を除いた部分に数字 x は入らない．	井桁理論 (X-wings, swordfish)

　最後に，数独のルール（解法）をまとめておこう．これまでのまとめを，表 4.3 に示す．現時点において，ニコリの数独は，13 種類のルールで撃破できるというのが，今回の結論である．

column

■ AI プログラミングとは

　AI システムを作るために必要なプログラミング，それを「AI プログラミング」と呼ぶことにしよう．すでに見てきたように，AI プログラミングは，他のプログラミングとは異なる特徴がある．

　最大の特徴は，「AI プログラミングは『実験』である」ということに尽きる．ここでの「実験」は，物理実験や化学実験と同じように「ある仮説に対して，それを実際に検証するプロセス」の意味である．

　AI システムが対象とする問題は，通常，解き方が十分に判明していない問題である．つまり，システム作成に費やすかなりの部分は，「解き方を考える」ことである．こうやったら解けるのではないかと考え，それをプログラム化し，実際の問題に適用して，解けるかどうかを確認する．この繰り返しが AI プログラミングである．そう，我々は，プログラミング言語を道具（実験装置）として，実験を繰り返すのである．

　実験を効率的に進め，成功裏に導くためには，当然のことながら実験装置（プログラミング言語）に熟知しておく必要がある．その実験装置で何がどれくらい簡単にできるか，あるいは，できないかを知っておかないと，実験のスピードが上がらない．AI システムが対象としている問題は非常に難しい問題であるから，考えた方法のほとんどはうまくいかないのが普通である．10 回に 9 回はうまくいかない．そんな打率である．それゆえ，実装（プログラムの作成）のスピードは AI プログラマーのコア・コンピタンス（核となる能力）である．とにかく，猛烈なスピードでプログラムを作り，いろいろなやり方を試す．プログラムを作っては壊し，作っては壊しを何度も繰り返す．それが AI プログラミングである．

　AI システムの作成では，あらかじめシステムの仕様が存在することはまれである．今回の数独ソルバーでも，「どの範囲の数独を対象とするか」を明確に決めずにプログラムを作り出した．そもそも数独にクラスがあること自体，知らなかった．プログラミングの過程で，問題に対する理解が深まり，少しずつ仕様が固まっていく．AI プログラミングでは，それが普通である．

　AI プログラミングとは，ある問題とその問題を解く方法を調べるための実験なのである．

■実践の必要性

では，どうしたら，AI プログラミングのスキルを上げられるのか．

それには，実践が必要である．プログラミング言語に関する本のすべてに対して言えることだが，本を読んだからからといって，プログラムが書けるようになるわけではない．説明を理解したというレベルと，独力でプログラムが書けるようになるレベルには，雲泥の差がある．最近のプログラミング言語の本は，おせっかいにも，例題プログラムをすべてオンラインで提供している場合が多いが，これをコピペして動かすだけでは，まったくトレーニングにならない．まずは，自分でプログラムを打ち込んで，「手で覚える」．それが必要である．次に，自分なりの例題を見つけて，プログラムを作ってみる．実際，身近なところに例題は転がっている．ちょっとした疑問を解決するプログラムを作ってみる．

「もし，ボーリングで，倒れるピンの数がランダムに決まるとすると，スコアは何点になるだろう」．これは，実際に私が昔やってみた例題である．乱数を使って，ボーリングのシミュレーションを数万回実行し，平均をとって値を推測する．実は，この問題は，数式を使っても簡単に解けるのだが．

「三目並べにおいて，異なる局面はいくつあるのか」．これも学生のときにプログラムを書いた．私が担当した，2015 年の「アルゴリズムとデータ構造」の講義で探索の例題としてこの話をしたら，実際にプログラムを書いてレポートを提出した学生が 1 名いた．たった 1 名だったが．

「数独の最終局面の異なり数を概算せよ」．これは，数年前の大学院の講義のレポート問題の一つとして出題したが，だれもこの問題を選ばなかった．誰か選んでくれたら，それを検証するためにプログラムを書こうと思っていたのだが．ちなみに，その時点では私は知らなかったのだが，「数独の最終局面の異なり数」は，解析的に解けているようである[2]．

「数独の初期配置には最低いくつの数字が必要か」．実は，10 年以上前に私が数独ソルバーを作るきっかけとなった疑問は，これである．確か，初期配置の数字の個数が 18 か 19 の論理的に解ける数独を作れるところまでは確かめたのだが，そこでほったらかしにしてしまった．現在では，この問題も解けているようで，17 が答えということである[3]．

■ニコリの他のパズル

実践のよい題材は，数独以外のニコリのパズルを解くソルバーの作成である．ニコリのホームページ (http://www.nikoli.com/ja/) には，数独

[2] http://www.afjarvis.staff.shef.ac.uk/sudoku/

[3] http://www.math.ie/checker.html

を含む16種類のパズルに対し，それぞれのルール（制約条件）と10問のお試し問題が掲載されている．パズルを一つ選び，お試し問題10問を解けるソルバーを作ってみたらどうであろうか．

そういう試みを2015年度の1年生向けのセミナーで実際にやってみた．こんなマニアックなセミナーを取る学生はいないんじゃないかと思ったら，定員12名が埋まった．四つのチームが選んだ問題は，「美術館」，「スリーザーリンク」，「ましゅ」，「橋をかけろ」．

まず，それぞれの学生に，お試し問題10問を完全に解けるようになってもらい（結構な時間を費やしたに違いない），次に，解くためのルールをできるだけ正確に書き下してもらう．そして，それをプログラムとして実現，という流れで進め，どのチームも少なくともお試し問題の1問は解けるソルバーを作成した．大学1年生にしては，みな，よくがんばったと思う．

学生にだけプログラムを書かせるのは無責任だと思ったので，「橋をかけろ」以外の三つのパズルに対しては，初歩的なソルバーを書いてみた．それによって，わかったことはいろいろある．

人間にとっては，これら4種類のパズルの難易度は，それほど差がない．実際，私は，4種類のパズルのお試し問題がすべて解けるようになるまでトレーニングを積み（かなりの時間を費やした），これらのパズルの解き方をほぼ手中に収めたと考えているが，どれも同じような難しさである．しかし，ソルバーを作るという観点においては，難易度に大きな差があるようだ．四つの中で一番やさしいのは「美術館」．難しいのは「スリーザーリンク」と「ましゅ」である．

私にとっての一番の発見は，「スリーザーリンク」と「ましゅ」が，構造的にはほとんど同じパズルであることがわかったことである．この発見をパズル好きの息子に伝えたら，「そんなの当然じゃん．どっちも線を引いて大きなループを作るパズルだよ」と一蹴されて，かなりヘコんだ．それはさておき，「美術館」に井桁理論があるのを発見したり，学生から私が気がつかなかった実装上のアイデアが出たり，なかなか楽しいセミナーであった．

1種類のパズル10問のお試し問題をすべて解けるソルバーを作るプロジェクトに要する時間の見積もりは，おおよそ100時間．最初の1問だけなら10時間．時間を作って，ぜひトライしてほしい．

第5章

独習のための短いガイド

■プログラミング言語 Ruby の入門書

　この本は，Ruby の基本知識を仮定しているので，Ruby の入門書はすでにお持ちだと思う．もし，この本を契機に Ruby を学ぼうという方がいるのであれば，それはそれでうれしいが，Ruby の入門書に関しては，具体的な書名を提示しないことにする．可能であれば，できるだけ大きな書店に行って，Ruby の入門書を何冊か手にとって，一番自分に合いそうなものを選んでほしい．それが不可能であれば，Amazon のレビューを見比べて，良さそうなものを選ぼう．個人的には，「簡単」とか「楽々」とか「数日でわかる」などは誇大広告として，信用しないことにしている．プログラミング言語は，短時間で簡単にマスターできるものではない．

■プログラミング言語 Ruby の中上級書

　研究室の学生を見ていると，Ruby の入門書を読むことは研究室配属時の宿題（4年生に進級する春休みの宿題）なので，ひととおり読んでくるのだが，その先の中級書や上級書を自ら学ぼうとする学生は少ない．しかしながら，プログラミングのスキルを上げるためには，入門書の知識ではまったく足りない．その言語の全容を示したマニュアルに近い書籍を勉強する必要がある．以下に示す3冊のうち，最初の2冊はセットである．なお，#3には，数独のプログラム（第1章で作成したプログラムと同等の機能を持つ）が例題として載っている．

1. Dave Thomas, Chad Fowler, Andy Hunt.『プログラミング Ruby 1.9 言語編』, オーム社, 2010.
2. Dave Thomas, Chad Fowler, Andy Hunt.『プログラミング Ruby 1.9 ラ

イブラリ編』, オーム社, 2010.

3. まつもと ゆきひろ, David Flanagan. 『プログラミング言語 Ruby』, オライリージャパン, 2009.

昔，Perl 使いだった頃，"Effective Perl" という本に出会って目からウロコだったが，Ruby でもついに，そのような本が出た．特に，複数のプログラミング言語に精通している場合は，この本で，Ruby の特徴を再確認することができるだろう．

4. Peter J. Jones. 『*Effective Ruby*』. 翔泳社, 2015.

いずれにせよ，新刊を適度にウォッチし，あるいは，1 年に一回，既存の書籍を読み返し，Ruby に関する知識をリフレッシュする必要がある．英語などの語学と同じで，プログラミング言語の学習には，終わりがない．いつまでたっても，新たな発見がある．

■アルゴリズムとデータ構造

それなりのサイズのプログラムを作るためには，アルゴリズムとデータ構造に関する知識は必須である．特に，AI プログラミングでは，リスト，ハッシュテーブル，木構造といったデータ構造と，再帰的手続き，探索アルゴリズム，ダイナミックプログラミングなどを多用する．これらを学ぶ入り口として，以下の本を勧める．この本であれば，独習でも，かなりのところまで理解できると思う．

5. 杉原 厚吉. 『データ構造とアルゴリズム』, 共立出版, 2001.

もっと勉強したいという場合は，おそらく以下の本がベストだろう．これは，MIT の教科書で，翻訳も出ている．全部読むのは大変なので，まずは，知りたいところだけ拾い読みすればよい．

6. Thomas H. Cormen, Charles E. Leiserson, Ronald L. Rivest, and Clifford Stein. Introduction to Algorithms, 3rd Edition. The MIT Press, 2009.
(浅野哲夫・岩野和生・梅尾博司・山下雅史・和田幸一共訳,『アルゴリズムイントロダクション第 3 版』, 近代科学社, 2013.)

■人工知能の入門書

「人工知能について，ひととおり知りたい」というニーズに応える適当な教

科書を探しているのだが，残念ながら，まだ見つけていない．私が学生だったころ（1980年代）は，定評のある教科書が何冊かあったのだが，スタンダードと呼べるような新しい教科書は見当たらない．おそらく，人工知能という研究分野がかなり広がって，1冊の教科書でカバーできなくなってしまったのだと思う．

　数独などのパズルを解くという範囲においては，クラシックな人工知能の知識が役に立つ．ということで，Amazonなどで，昔の教科書を手に入れたらどうであろうか．

7. 長尾 真. 『知識と推論』, 岩波講座ソフトウエア科学, 岩波書店, 1988.

ちなみに，この本のLispプログラムは，私が書いている．

　次の本は，教科書というよりも読み物に近い．「中島AI」の思想が色濃く反映されている．

8. 中島秀之. 『知能の物語』, 公立はこだて未来大学出版会, 2015.

　最新の話題について知りたい場合は，人工知能学会に入ってしまうというのも，一つの手である．会員になれば，年4回，学会誌が届く．日本の人工知能研究者のほとんどが，この学会に所属している（はずである）．

9. 人工知能学会. http://www.ai-gakkai.or.jp

■パズル

　コラムでも触れたが，まずは，ニコリのサイトに行って，数独以外のパズルをいくつか試してみてはどうだろうか．ちなみに，私が好きなのは，「ぬりかべ」と「ましゅ」である．「のりのり」もいい．

10. ニコリ. http://www.nikoli.co.jp あるいは, http://www.nikoli.com/

　ニコリは定期的に下記の雑誌を発行している．この雑誌には，より多くの種類のパズルが掲載されている．

11. ニコリ. 『パズル通信ニコリ』, Vol.151, 2015.

　パズルは解くのも楽しいが，「作るほうがより楽しい」という意見をパズル作家の方から伺ったことがある．数独の作り方については，以下に解説がある．

12. ニコリ．『数独通信』, Vol.27. 2014. (p52–55)

■数独

　数独の解法に関しては，多くのウェブページがある．一つだけ URL を示しておく．このページからリンクされている "The 12 Rules of Sudoku" を初めて読んだ時，なるほどと関心した．本書の考察の一部は，この分析に基づいている．

13. Sudoku Assistant – Solving Techniques.
    http://www.stolaf.edu/people/hansonr/sudoku/explain.htm

　私はまだ読んでいないが，2014 年に数独の本が出版（翻訳）された．もし興味があれば，まずは，Amazon のレビューを見てはどうだろうか．

14. ジェイソン・ローゼンハウス．『「数独」を数学する —— 世界中を魅了するパズルの奥深い世界』, 青土社, 2014.

　Ruby/tk を使って，盤面をかっこよく表示したい場合は，次のシステムが参考になる．

15. Ruby Sudoku.
    http://sourceforge.net/projects/rubysudoku/

あとがき

　プログラムを書くようになってから30年以上経った．使用する言語は，Lisp → Prolog → C → Perl → Ruby と変わり，使用するマシンも，大型計算機 → Lisp マシン → Unix ワークステーション → Linux マシン → Mac と変わったが，やっていることはあまり変わっていない．人工知能や自然言語処理の研究のためのプログラミングである．30年もやっているので，AI プログラミングスキルは，かなり向上したと思いたい．

　本業である大学教員・AI 研究者の仕事の中で，一番楽しいのがプログラミングである．この3年ばかり，「ロボットは東大に入れるか」のセンター「国語」ソルバーや，「きまぐれ人工知能プロジェクト 作家ですのよ」のための文生成器や小説生成器など，かなりの分量のプログラムを書いた．他の仕事がなく，プログラミングだけに専念できるのであれば，これほどうれしいことはないのだが，残念ながらそうは問屋が卸さない．そのため，この3年間の夏休みのほとんどは，プログラミングに費やした．

　2013年と2014年の夏休みは，もっぱら，センター「国語」現代文のソルバーを作っていた．問題の難しさはかなり異なるが，やっていたことの本質は，本書で述べた数独ソルバーの作成と同じである．問題を分析し（受験参考書を熟読し），解き方を考えて定式化し，それを実行するプログラムを作る．そのプログラムを過去問に適用して，性能を評価し，解けない問題を解けるようにするために知恵を絞る．この過程をとおして，私自身のセンター試験「国語」現代文のスキルはかなり向上したが，ソルバーの能力は，まだ，偏差値50程度である．

　2015年の夏休みは，第3回星新一賞に応募する作品を作るためのプログラミングに没頭した．数千字の作品を出力させるために，かなりの分量のプログラムを書いたのだが，これは，まったく割に合わない．腱鞘炎を患う始末である．この過程をとおして，私の小説を書くスキルが向上し，結果的に小説家になれるのであれば，元は取れるかもしれないが，いまのところ，その兆しはまったくない．ちなみに，応募した作品は，http://kotoba.nuee.nagoya-u.ac.jp/sc/gw/ で公開している．

　このような本業の合間に，息抜きとして行ったのが，数独プロジェクトである．そのきっかけは，2014年6月に，ニコリ社長の鍜治真起さんのトークを聞いたことにある．ニコリは，読者からの数独の投稿を受けつけていて，

採用された作品が『数独通信』や『激辛数独』に掲載される．はたして，コンピュータで作った数独作品は，ニコリ基準をパスすることができるか？ちょっと，それが知りたくなってしまい，ソルバーとジェネレータを書いて作品を応募した．コンピュータで作った数独が『数独通信』に載らないようでは，コンピュータで作った小説が星新一賞に入選するなんて，絶対無理．ということで，息抜きプロジェクトではあったが，本業とまったくつながっていないこともない．

この数独プロジェクトをセミナーのネタにしてしまえ，と考えて実施したのが，コラムで触れた，大学1年生向けセミナーである．これが，思いのほか楽しかったことが，この本を最後まで書き上げる原動力となった．このセミナーに参加してくれた学生諸君に深く感謝する．

え？　『数独通信』や『激辛数独』に載ったかどうかを知りたいって？　それはいちおう，ヒミツなのだけれど．どうしても知りたい方は，それらの本の奥付を調べてみてください．

2016年5月
佐藤理史

索　引

【Ruby メソッド】
- （リストの差）, 15
collect, 20
combination, 65
compact, 14
do, 21
each, 20
each_with_index, 20
end, 21
enum_for, 32
igeta_2, 77
igeta_n, 97
inject, 33
reserve_2_cells, 63
reserve_2_numbers, 68
reserve_n_cells, 74
reserve_n_numbers, 74
select, 20
send, 41
single_block, 59
single_cell, 36, 38
single_number, 37, 38

【欧文】
AI（人工知能）
　　—システム, 52, 108
　　—プログラマー, 108
　　—プログラミング, 78, 108
ARGF, 4

irb (Interactive Ruby), 34
map 系の関数, 20
Ruby, 29, 111
　　—の添字, 5
Ruby/tk, 114

【あ行】
アルゴリズム, 52, 112
井桁理論, 4, 56, 75, 97, 99, 101, 105, 106
いずれにしても理論, 55, 57
オブジェクト指向, 29
　　—言語, 42

【か行】
機械学習, 92
木構造, 112
行（数独の）, 2
グリッド（数独の）, 2, 31
　　Grid（クラス）, 29
　　—の内部表現, 4, 12
激辛数独, 95, 104, 106
　　—Vol.15, 95
　　—Vol.16, 106
　　—Vol.17, 104

【さ行】
再帰的手続き, 112
再帰呼び出し, 8, 9
試行錯誤, 17, 103

実行状況のトレース, 65
主体性, 43
上級ルール（数独の）, 55, 101, 104
状態, 10
しらみつぶし法, 7, 17
人工知能, 22, 52, 112
人工知能学会, 113
深層学習, 92
数字の予約, 67, 70, 73, 101, 106
数独通信, 95
　　——Vol.26, 1, 23, 42, 55, 62
数独
　　——の完全制覇, 103
　　——の基本ルール, 23
　　——の制約条件, 1, 103
　　——の作り方, 113
　　——の難易度, 42, 95, 101
　　——の問題記述, 3
　　——のルール, 107
正方形, 2
制約条件, 2, 12
　　——のチェック, 10
セル, 2, 29
　　Cell（クラス）, 29
　　——の状態, 32, 37, 59
　　——の内部表現, 30
　　——の予約, 3, 4, 67, 70, 72, 101, 105
　　——番号, 9, 13
　　空の——, 7
　　関連する——, 28
添字, 19
ソルバー
　　——の設計, 35
　　——本体, 40

【た行】
ダイナミックプログラミング, 112

代入可能な数字, 27
代入可能なセル, 26
探索アルゴリズム, 112
田んぼ理論, 97
中括弧, 21
データ構造, 43, 112
データの擬人化, 43
トップダウン, 29

【な行】
ナンバープレイス, 104
ナンプレ, 104
ニコリ, 1, 23, 42, 95, 103, 104, 107, 109, 113
入出力インタフェース, 41

【は行】
配列, 5
パズル通信ニコリ, 93
ハッシュテーブル, 112
浜田ロジック, 104
汎化能力, 78
フィボナッチ数列, 35
深さ優先探索, 10
ブロック, 2, 3, 30
　　——Block（クラス）, 29
　　——の状態, 32
ブロッケン, 23
ペアの不在証明, 104
ボトムアップ, 29

【ま行】
マスミ, 25
モジュール（Rubyの）, 29

【や行】
予約, 56, 62

【ら行】

リスト, 5, 112
　　―構造, 5
　　―の差, 15
リスト処理の三種の神器, 21
ループ, 19
ルール（数独の）
　　Rule（クラス）, 36
　　R0, 27, 37, 61, 70, 99
　　R1, 24, 27, 36, 38, 44
　　R2, 25, 27, 36, 38, 44
　　R3, 58, 61, 99, 102
　　R4, 63, 70, 102
　　R5, 68, 70, 102
　　R6, 102
　　R7, 102
　　R8, 75, 102
　　―の優先順位, 39, 101
列（数独の）, 2
レッツミー, 24

【わ行】

和集合, 15

著者紹介

佐藤理史（さとう さとし）

1988年　京都大学大学院工学研究科博士後期課程電気工学第二専攻研究指導認定退学
1998年　京都大学工学部電気工学第二教室助手
1992年　京都大学博士（工学）
1992年　北陸先端科学技術大学院大学情報科学研究科助教授
2000年　京都大学大学院情報学研究科知能情報学専攻助教授
2005年　名古屋大学大学院工学研究科電子情報システム専攻教授
　　　　現在に至る

主要著書

『自然言語処理』（共著，岩波書店，1996年）
『アナロジーによる機械翻訳』（共立出版，1997年）
『言語情報処理』（共著，岩波書店，1998年）
『情報の組織化』（共著，岩波書店，2000年）
『コンピュータが小説を書く日』（日本経済新聞出版社，近刊）

Rubyで数独
AIプログラミング入門
© 2016　　Satoshi Sato　　　　　　　　　　Printed in Japan

2016年10月31日　初版第1刷発行

著　者　　佐　藤　理　史
発行者　　小　山　　透
発行所　　株式会社 近代科学社

〒162-0843　東京都新宿区市谷田町2-7-15
電話 03-3260-6161　　振替 00160-5-7625
http://www.kindaikagaku.co.jp

加藤文明社　　　　　　　ISBN978-4-7649-0527-6
定価はカバーに表示してあります．